我们读经典

WOMEN DU JINGDIAN

陈新洁 李建军 ——主编

图书在版编目（CIP）数据

我们读经典 / 陈新洁，李建军主编 . -- 北京：华文出版社，2024.2
ISBN 978-7-5075-5855-5

Ⅰ．①我… Ⅱ．①陈…②李… Ⅲ．①阅读课 – 中学 – 教学参考资料 Ⅳ．① G634.333

中国国家版本馆 CIP 数据核字 (2023) 第 231348 号

我们读经典

主　　编：	陈新洁　李建军
责任编辑：	周海璐
出版发行：	华文出版社
地　　址：	北京市西城区广安门外大街 305 号 8 区 2 号楼
邮政编码：	100055
网　　址：	http://www.hwcbs.cn
电　　话：	总编室 010-58336239　发行部 010-58336212　58336230
	责任编辑 010-58336191
经　　销：	新华书店
制　　版：	北京禾风雅艺文化发展有限公司
印　　刷：	三河市航远印刷有限公司
开　　本：	880mm×1230mm　1/32
印　　张：	5.375
字　　数：	120 千字
版　　次：	2024 年 2 月第 1 版
印　　次：	2024 年 2 月第 1 次印刷
标准书号：	ISBN 978-7-5075-5855-5
定　　价：	28.00 元

版权所有，侵权必究

◎ 序言一　书籍滋养精神

五谷喂养躯体，书籍滋养精神。对青少年的健康成长来说，物质和精神食粮，缺一不可。

同学们，当老师和家长要求我们大量读书、大量读好书时，你是什么感觉？

家长们，当孩子和您分享他最近读到的好书，并向您推荐图书，甚至对其中的若干内容有自己的独到见解，以及他能将书中内容迁移到自己的学习、生活之中进行指导的时候，您是什么感觉？

现在，我们的孩子有机会阅读到许多好书，学校要求"海量阅读""师生共读"，我们在家中"亲子共读"；为了培养孩子们的阅读能力和通过各种考试，我们还要加上"英文原版阅读"。新版《义务教育课程方案和课程标准（2022年版）》，对阅读的要求提升到了前所未有的高度。

为了培养学生的阅读能力，作为老师，我曾做过三件事。

第一件事，在学生家长的帮助下，我们用灰色毛毡做了一个非常漂亮雅致的班级读书榜，凡是读过的书，同学们都用彩色的毛毡仿制一本"小书",装饰一下封面,贴在自己名字后面,比比谁读的书数量多。

后来,学校给同学们开通了英文阅读的蓝思账号。我们又有了每周"蓝思阅读之星"的较量——从后台导出的数据中,我们着重看阅读时长和读后习题的正确率。

不止于此,家校合力才是好习惯养成的保证。因此,我们请家长也加入阅读的队伍中来,用线上"亲子阅读会"的形式,全班的孩子和家长分享一起读过的好书,以及阅读给人生带来的启发和改变。《理想国》《约翰克利斯朵夫》《坚毅》,甚至原版《哈利波特》……一次次的分享,点燃了大家的阅读热情,孩子们阅读的书目也变得多样起来。

但是,阅读之后呢?有些孩子会自己写一写读书笔记,能力稍强的做一版幻灯片,在班级或年级做一次读书分享,英语较好的孩子甚至还能做一做双语或纯英语分享,但好像就止步于此了。问及书籍给自身成长带来的影响,同学们分享的甚少。

解决读后活动问题还涉及另外两个问题——青少年阅读的目的是什么?笔记和分享之后呢?这两个问题实质上是一个问题。我也曾向我的学生发问,得到的答案如下。

"可以让自己对文字的感触更深。"

"我能明白一些道理。"

"获得不同于玩电子产品的真正意义上的、长期的快乐。"

"积累一些东西,比如,对我生活之外的事物、领域甚至世界的认知。"

……

语言朴实,但答案中的力量超过我的想象。而当我问到,你读的所有书籍中,只推荐一本的话,你会推荐哪一本?

《骆驼祥子》

《假如给我三天光明》

《西游记》

《莎士比亚四大悲剧》

《小王子》

……

由此可见,经典读物是打破时空界限的,且影响力是深远的。孩子们需要阅读经典,孩子们需要铭记经典,孩子们需要知道自己的同龄人在读完自己手中这本经典之后,他们有着怎样的见解和认知。

写作是一次对思维重新洗牌和整理的过程。我见到太多学生,他们读过的书很多,但让他讲一讲时,却往往词不达意,或者无法有逻辑地梳理出书中的见解及自己读后的想法。由此，我有了一个大胆的念头——我想组织学生出一本书，从青少年的视角出发，借由经典阅读及读后写作，学习如何梳理书中观点、整理读书笔记、阐述自己的观念，能对以后的阅读产生意义深远的指导和影响，也在这个平台上和广大的青少年朋友及家长、老师们隔空交流，同时，为自己的青春留下难忘而美丽的印记。

知易行难，对出版没有经验的我们，要把想法一步一步落实谈何容易？在编辑老师的指导下，我们对选题、出版流程、提纲、排版、印刷等都有了初步的认识。有了强劲的后盾，同学们对阅读和写作也越发上心，从有了这个想法，到写出万字的书稿，孩子们用时仅两个月！

也许这个字数在职业作家看来不值一提，但是别忘了，他们只是十四五岁的孩子，在学校里有着紧锣密鼓的课程，而且作为马术特色班，在课外他们每周还有十个小时的马术训练！写书的同时正值赛季，同学们在保证学业、训练、加练和比赛的基础上，争分夺秒地阅读和写作。这些书稿，来自他们大课间休息的时间，来自来回马场的车上，来自比赛现场的间隙，来自周末深夜的书房里，甚至是来自马房里，我们常开玩笑说，这些都是带着马厩味道的书稿。

孩子们真的争气！在这本书的写作过程中，我们经历了期中考试，他们的成绩排名全年级第一！我们还经历了大型赛事，班里的孩子们参加了北京市马术锦标赛、河北省四年一届的省运会、"鸟巢之路"积分赛、天津的"驰越津门"、北京"新浪杯"等系列马术比赛，冠军、亚军、季军，拿奖拿到手软，且在河北省四年一届的省运会中，张雨馨同学不仅在最高级别的赛事中拿到了个人赛冠军，还获得了"国家一级运动员"称号！

都说"越努力，越幸运"！孩子们的努力，终于有了成果。本书有了十名小作者，可谓"十全十美"！

本书即将出版，于我，获得的是和一队志同道合者一起前行的快乐；于同学们，相信会是对于阅读沉淀之后的、可以持续终生的热爱，而这份热爱，一定会在未来的某一天，加倍地、爆发式地回报给他们！感谢所有为此书付出的同学、家长和编辑老师们，最深最美好的祝福给你们！爱阅读的人一定会有美好的人生，对此我坚信不疑。

陈新洁

2023 年 6 月

北京，海淀

◎ 序言二 做一粒读书的种子

袁隆平曾说:"人生就像一粒种子,要做一粒好种子。"他用勤恳、奋斗、创新、奉献的一生完美地阐释了这句话的深刻内涵,也将未来和奋斗的"种子"情结寄托在"做一颗好种子"上。此刻,我想说的是:作为祖国的未来和希望,青少年们正是读书的美好年华,应该做一粒读书的种子。今日是读书的种子,明日便是建设祖国的栋梁。

读书之于人的意义是非常重大的。从小处说,读书可以教会我们知识,开阔眼界,学习技能,了解和探索世界和社会;往大处说,读书可以陶冶我们的情操,提高修养,铸造灵魂。有什么样的书籍,就有什么样的人生。青少年正处于身体和精神的快速成长阶段,阅读和吸收书籍的营养可以帮助我们树立正确的三观,形成健全的人格,探索丰富的精神世界。当孩子们将以下名句郑重摘抄下来的时候,我们就可以感受到书籍对孩子们精神产生的巨大影响。

"一个人可以被毁灭，但不能被打败。"

——李天意摘自《老人与海》

"财富的确是人们非常渴望的，然而贫穷也有它光明的一面。逆境的好处之一是人们能从自己艰苦卓绝的奋斗中感到真正的愉快。我们存在于世间的智慧、美丽与能力，有一半得之于困境的激励。"

——李嘉良摘自《小妇人》

"生命的蓬勃与向上，需要阳光、空气和内心的坚持。"

——刘航辰摘自《秘密花园》

作为陈老师的朋友和孩子们的老师，能为本书写一篇序言，我是非常荣幸的。看到孩子们的读书报告和文章，我是非常震惊和兴奋的。震惊的是，十四五岁的孩子们，在如此繁忙的学业压力下，竟然能把书读得如此细致和深入，并形成了非常系统全面的文字作品。兴奋的是，同学们通过阅读，不仅有了独到的见解，形成了文字作品，更加重要的是他们的精神面貌焕发了光彩，充满了活力，他们的眼睛仿佛天上的星星，闪烁着光芒。这也激发了我推动学生整本书阅读的动力，增强了我和孩子们读书的信心。

有一次，我和我的学生张致格交流读书心得，往日略有调皮的他却侃侃而谈，将自己对人物的理解和书籍的主题思想分析得头头是道。他说："这本书不仅带着我领略了海底世界的丰富多彩，还让我知道了很多地理和海洋知识。在整个故事中，海怪、珍珠、海底植物、鱼类等交织在一起，构建了一个奇幻美丽的海底世界，呈现了一个神秘与辽阔的海洋。而且我还深感人类对未知世界既渴望又恐惧，并引发了我对未来与人性的思考。"

古人讲"读万卷书，行万里路"，我们的孩子们不仅读书丰富深刻，而且还有多彩的生活实践。张潇潼喜欢画画、跳舞，热爱马术运动，还参加博物馆的志愿讲解服务；张颖昕喜欢球和钢琴；刘航辰爱好马术、桨板、单簧管、写作等，自幼酷爱读书，同时很喜欢小动物，也是中马协注册的中二级骑手。可以说，他们不仅在读书中认识世界，也在生活中领悟读书，真正做到"知行合一"。他们是一粒合格的读书种子。

读书和写作都是教学和学习中的"硬骨头"，老师担忧，学生畏惧，推进效果总是差强人意，然而陈新洁老师能够发起这种"以读促写，以写助读"的活动，使读书和写作相结合，则非常有创见和魄力。我们知道，学生热爱读书的人不在少数，一旦阅读起来，也颇有兴趣和效率，有的学生甚至一天读一本或几本，但是一旦让学生写出来，则大多数人都会犯难，更不要说深入理解了。当然，这种只是泛泛阅读，"快餐式"阅读只能形成低阶能力——"了解和理解"，很难达到高阶思维——"鉴赏和创造"。而陈老师带领学生将读书心得感悟进行梳理，并形成文章就很好地解决了这一问题，也就能很好地固化和落实读书的效果，进而促进学生的阅读兴趣和提高阅读的能力水平。

　　从实用角度说，"读写结合"的方式还可以让学生达到学以致用，提高语文学习水平的现实目的。常常有人会问：我读了这么多书，为什么语文成绩还是不好？或者为什么作文水平仍然不高？这种情况往往是停在了阅读的表面，即内容层面，而未深入到内涵及形式层面。什么样的作文能得高分呢？那就是要有自己的见解。阅读了很多书，是不是代表有见解了呢？不是。比如阅读了一些故事，知道了故事内容，可是对这些内容只是复述原始信息，并没有把这些故事转化为自己认知养分，没有形成自己的观点，这样的阅读是没有大价值的。

那么，如何做才好呢？方法就是要细读文本，要整合信息，要写出来，要形成自己的观点和见解。读书，不是让你把大脑变成别人的跑马场，而是要广泛地、大量地去阅读，把更多的书纳入同一个主题里面，让它们在里面彼此碰撞、对抗、融合，最终留下来自不同渠道的精华信息，来形成"我的观点"。本书的小作者们就做得非常棒，他们从作者简介、创作缘由、故事梗概、人物分析、主题思想、艺术特色甚至是写法技巧风格等方面进行阅读和思考，对书本读得细，理得清，想得深，写得勤，才形成了对整本书的深入全面理解。一本书经过这样的"咀嚼"和"品味"，怎能不深刻，怎能不高效？其实，我们看到陈老师的学生在多次考试中，成绩排名全年级第一，这也是最有力的证明。

一本好书，它的语言无不闪烁智慧的火花，无不传递着高尚的修养。一本好书，能让你明白许多做人的道理、处事的哲理，使你洞明世事，懂得人生、了解社会；一本好书，会让你正中下怀、喜乐不禁；一本好书，会让你柳暗花明又一村、大彻大悟、如释重负；一本好书，会让你心胸宽阔，目光远大、志存高远；一本好书会让你心系他人，做到扶危济困，胸怀天下；一本好书，会让你忘却烦恼，不畏困难、不怕挫折、振作精神、勇往直前。在这最佳的读书时光里，希望我们师生一起，以书为伴，以书为舟，以书为光，在阅读的世界里，绽放更加丰富的生命活力。让我们做一粒读书的种子，深埋书籍的土壤之中，悄悄生长，静静绽放，直至成为一棵参天大树。

最后，感谢陈老师的邀请，感谢十位孩子们的刻苦努力，本次阅读的文章集结成册，是一座里程碑和纪念碑，它将见证我们的成长，也将激励我们继续阅读，继续写作，继续成长成才。

李建军

2023 年 12 月

北京，海淀

目录

张潇潼读《苏东坡传》　　/01

张潇潼，就读于北京市海淀外国语藤飞学校，初二年级学生。从小喜欢听历史故事、逛博物馆。小学三年级开始加入北京青少年志愿服务团体，开启了博物馆的志愿讲解服务。喜欢画画、跳舞，热爱马术运动。

李天意读《老人与海》　　/25

李天意，就读于北京市海淀外国语藤飞学校，是初二年级中英文马术藤飞班年龄最小的学生。自幼酷爱读书，学习古筝九年、马术两年。

张颖昕读《骆驼祥子》　　/53

张颖昕，13岁，就读于北京市海淀外国语藤飞学校。爱好马术、网球和钢琴。喜欢科幻小说和现代小说，选择赏析《骆驼祥子》是因为被老舍的写作风格吸引，被作品中现实的社会阶层差距与鲜明的人物性格所触动。

李嘉良读《小妇人》　　/65

李嘉良，就读于北京市海淀外国语藤飞学校，初二年级学生。喜欢骑马、画画、钢琴等。

张可馨读《镜花缘》　　/77

张可馨，就读于北京市海淀外国语藤飞学校。喜欢各种体育活动，也喜欢读书，常常在课余时间和同学们一起讨论、一起思考、一起进步。

李生逸读《城南旧事》　　/91

李生逸，15岁，就读于北京市海淀外国语藤飞学校。爱好马术，喜欢动物，喜欢听音乐。

金琳昕读《狼王梦》　　/103

金琳昕，就读于北京市海淀外国语藤飞学校。爱好广泛，喜欢音乐、马术、萨克斯和网球。性格开朗，敢于面对困难。

张雨馨读《平凡的世界》　　/113

张雨馨，就读于北京市海淀外国语藤飞学校。爱好滑雪、马术、钢琴、舞蹈、游泳、滑冰、保龄球等，最爱读动物小说。

刘航辰读《秘密花园》　　/125

刘航辰，出生于北京，就读于北京市海淀外国语藤飞学校。爱好马术、桨板、单簧管、写作等。自幼酷爱读书，同时很喜欢小动物，也是中国马术协会注册的中二级骑手。

张致格读《海底两万里》　　/139

张致格，首师大二附中初三学生，名字来源于"致知在格物"。喜欢读书、打篮球、架子鼓。

后记　/154

张潇潼读《苏东坡传》

  张潇潼　就读于北京市海淀外国语藤飞学校，初二年级学生。从小喜欢听历史故事、逛博物馆。小学三年级开始加入北京青少年志愿服务团体，开启了博物馆的志愿讲解服务。喜欢画画、跳舞，热爱马术运动。

张潇潼读《苏东坡传》

如果让我推选一位中国历史上最受全民喜爱的文人,那一定非苏轼——东坡先生莫属。这位约一千年前的古人总让人由衷钦佩。人们仰慕他的才华,羡慕他的达观,喜爱他身上的烟火气。

《苏东坡传》是我小学语文老师推荐的书。作者林语堂先生是我国著名的作家、学者、翻译家和语言学家。他早年留学美国和德国,获得哈佛大学文学硕士学位和莱比锡大学语言学博士学位。他的长篇作品《京华烟云》(*Moment in Peking*)在1944年、1972年、1973年和1975年先后4次获得诺贝尔文学奖的提名。他把英文"humour"音译为"幽默",创造出了一个广为流传的舶来语。加之他平日里一向以童心未泯自况,遂被后人称为"幽默大师"。

1936年,林语堂偕全家赴美,带了许多有关苏东坡的及苏东坡著的珍本古籍，更有文："像苏东坡这样富有创造力，这样守正不阿，这样放任不羁，这样令人万分倾倒而又望尘莫及的高士，有他的作品摆在书架上，就令人觉得有了丰富的精神食粮。"他前后花了3年时间来完成《苏东坡传》，这也是他颇为偏爱的一部作品。《苏东坡传》一经问世就受到了广泛的认可，与吴晗的《朱元璋传》、梁启超的《李鸿章传》、朱东润的《张居正大传》并称为"二十世纪四大传记"。

《苏东坡传》全书以英文书写而成，由张振玉先生翻译。这本书的英文书名为 *The Gay Genius*。看英文书名就能感受到林语堂先生的诙谐幽默和对苏东坡的偏爱。用"天才"来形容一个人，绝对是最高的赞誉！

自古英雄总是惺惺相惜。我觉得林语堂对苏轼的感情也是这样。林语堂以写作为乐，苏东坡亦是如此。苏东坡曾在给朋友的书信中表述："我一生之至乐在执笔为文之时，心中错综复杂之情思，我笔皆可畅达之。我自谓人生之乐，未有过于此者也。"林语堂在为此书作序时也表述："我写《苏东坡传》并没有什么特别的理由，只是以此为乐而已。给他写本传记的念头，已经存在心中有年。……现在我能专心致志写他这本传记，自然是一大乐事。"只有同为灵魂有趣的人才会发现对方身上的亮点，倍加欣赏，不惜书尽赞美之词！

通过林语堂先生的描写，我对东坡先生有了更立体的认识。之前，在我简浅的认知里，他是一位文学家、书法家、生活家（苏轼是东坡肉的发明者）。苏轼的词，百读不厌，并有许多经典名篇流传于世，数百年来一直为后人传颂。读完这本书，我发现作者赋予他许多标签，例如"秉性难改的乐天派""悲天悯人的道德家""新派的画家""伟大的书法家""酿酒的实验者""工程师""假道学的反对派""瑜伽术的修炼者""佛教徒""士大夫""皇帝的秘书""饮酒成癖者""心肠慈悲的法官""政治上的坚持己见者""月下的漫步者""生性诙谐爱开玩笑的人"，等等。世间居然有这么一个人能同时被冠以那么多身份，且每一个身份都实至名归。真可谓："此'人'只应天上有，人间难得几回闻。"

林语堂先生在这本书里将苏轼跌宕起伏的一生分为童年与青年、壮年、老年、流放岁月4个部分。通过阅读，我也把全书概括为4个板块来介绍苏东坡先生的生平。

第一部分：少年得志，名动京师

苏轼出生于北宋景祐三年（1036年）。苏轼的名字是父亲取的。"轼"指的是一辆车最前面那根供人扶靠的把手，有貌似可有可无，实则不可或缺之意。回顾他的一生，果然是人如其名，他在许多领域都是不可或缺的。苏轼字子瞻，取其登高望远之意。有道是："父母之爱子，则为之计深远。"在给孩子取名的事情上，古往今来的父母都是一样的。

苏轼是初唐大臣苏味道之后，祖父是苏序。父亲苏洵字明允，号老泉，"老泉"是因他家乡祖茔而得名。苏洵这个人特别有意思。年少时并没有勤耕苦读，而是过着闲云野鹤般的日子。直到27岁，才突然幡然醒悟，开始发愤读书。《三字经》里提到的"二十七，始发愤"说的就是这位苏洵——苏老泉！也正是他彻悟后的发愤图强，奠定了日后好的家风，由此深深地影响了苏轼和苏辙两兄弟。父子三人一同赴京赶考一时也传为佳话。唐宋八大家，仅苏家就占了三席。后人称道："一门父子三词客，千古文章四大家。"儿子们的风头并没有盖过父亲，足见父亲文学底蕴的深厚。

仁宗嘉祐元年（1056年），47岁的苏洵带着19岁的苏轼和17岁的苏辙一同进京赶考。嘉祐二年（1057年），兄弟二人同榜考中进士。苏轼名列第二，苏辙位列第五。宋仁宗大喜道："我一下子寻得了两位具备宰相之才的人。"考试的主考官是文学泰斗欧阳修，小试官是诗坛宿将梅尧臣。当时他俩正在试图进行诗文革新。苏轼的应试文章《刑赏忠厚之至论》立意新颖，追古论今。文章中"为政的宽与简"的言论，正是苏东坡初入政坛的基本观点。文中有些典故居然连两位主考官都没有读过，一下子把他们镇住了。欧阳修在称赞之余心里非常想把这篇文章评为第一，但是当时考生作答都是隐去名字的，欧阳修误以为这篇文章的作者是他的学生曾巩，为了避嫌，就把这篇自己心目中第一的文章评为了第二。

发榜揭晓，当苏洵带着苏轼前来拜谢之时，才知道这篇文章的作者是眉山苏子瞻。这真是一个令人啼笑皆非的误会！欧阳修当面问起苏轼文中所用"皋陶为士，将杀人。皋陶曰杀之三，尧曰宥之三"的典故。苏轼先讲了一个《三国志》中的典故，以孔融的"以今日之事揣测古人，只是想当然"来印证自己的典故也没有出处，只是"想当然"。听罢，欧阳修不禁对苏轼的机智和勇于创新的精神极为欣赏，并且预言苏轼的未来："此人可谓善读书，善用书，他日文章必独步天下。"后来，欧阳修把这篇文章给朝中同僚传阅，获得了一众好评。他对同僚说："读轼书，不觉汗出，快哉快哉，老夫当避路，放他出一头地也。"欧阳修还对儿子说过："三十年后，无人再谈论老夫。"果然，在苏轼死后的 10 年之内，仍然被大家谈论，却少有人再谈论欧阳修。苏轼的著作一度遭朝廷禁阅，但就算这样还有人暗中偷读呢。

正当兄弟二人准备在京城大展拳脚之时，母亲过世的噩耗传来。母亲离世之时还未接到京城的喜讯，并不知道自己的一双儿子金榜题名，这多少是一件憾事。自幼母亲对苏轼的影响就特别大。她教导苏轼读《范滂传》时，年幼的苏轼就立志要当范滂这样刚正不阿、不累及无辜、慷慨赴死的人。而他母亲则回应儿子说："你若能做范滂，难道我不能做范滂的母亲吗？"所以对于母亲的离世，苏轼非常悲痛。

由于当时的社会实行"丁忧"制度，兄弟俩便辞官，与父亲一起返回故乡奔丧，为母亲守孝。"丁忧"是指古代官员的父母离世，官员必须停职守制的制度。丁忧期限为2年零3个月，官员在这段时间不得为官，不得嫁娶，直到守丧期满才能恢复正常生活。我国历朝历代都有举行盛大祭奠典礼的习俗，有道是"慎终追远，民德归厚矣"，这也是中华民族崇尚孝道的表现。

嘉祐四年（1059年），守孝期满，父子三人重回京城。嘉祐六年（1061年）苏轼参加中制科考试，入第三等，为"百年第一"。苏轼在这段时间里仕途非常顺利，有恩师欣赏，有同僚仰慕！

治平二年（1065年），苏轼的妻子以26岁的年纪病逝。次年农历四月，父亲苏洵病逝，兄弟二人再次辞官，扶柩送父亲及苏轼的亡妻返乡安葬。这一次离开朝野是苏轼第一次经历官场变故的重要时间节点。

第二部分：宦海沉浮，路远且长

神宗熙宁二年（1069年），苏轼守孝期满，重回朝堂，此时皇帝神宗正推行王安石变法。苏轼的恩师欧阳修和昔日的一些旧友由于政见不合都被排除在政治中心之外，被迫离京。苏轼对新法也持保留意见，认为有些法规不便于民，就仗义执言上书反对，他的做法招来了变革者的反感。他也和那些师友一样，为朝廷所不容。于是苏轼自请外放，调任杭州做了通判。这是苏轼在仕途上的第一次跌落。

调任杭州这件事如果发生在别人身上一定会非常郁闷，可生性乐观的苏轼却适应得很好。苏轼面对西湖美景，诗兴大发，写下了《饮湖上初晴后雨二首·其二》：

水光潋滟晴方好，
山色空蒙雨亦奇。
欲把西湖比西子，
淡妆浓抹总相宜。

熙宁七年（1074年）到熙宁九年（1076年），苏轼出任密州太守。中秋月明之时，思念弟弟苏辙，写下了著名的《水调歌头·明月几时有》：

明月几时有？把酒问青天。不知天上宫阙，今夕是何年。我欲乘风归去，又恐琼楼玉宇，高处不胜寒。起舞弄清影，何似在人间？转朱阁，低绮户，照无眠。不应有恨，何事长向别时圆？人有悲欢离合，月有阴晴圆缺，此事古难全。但愿人长久，千里共婵娟。

"但愿人长久，千里共婵娟。"这句词直到今天仍然是世人对人月两圆最美好的祝愿！

熙宁十年（1077年）至元丰二年（1079年），苏轼出任徐州太守。其间黄河洪水泛滥，他积极组织抗洪，修建黄楼。为官一任总能造福一方百姓。

元丰二年（1079年），苏轼调任湖州太守。到任后呈谢恩表，可就是这篇文章让他跌入了深渊。他在《湖州谢上表》中说："陛下知其愚不适时，难以追陪新进；察其老不生事，或能牧养小民。"他将自己和"新进"相对，用自己不"生事"暗示"新进"人物"生事"。本来这只是他个人的直抒胸臆，怎料被同行诟病。同年6月，一个御史将他谢恩表里的这4句话挑出来控诉他。监察御史上奏章引用"新进""生事"等词语，暗指苏轼"愚弄朝廷，妄自尊大，诽谤新政，对皇帝不忠"。一共有4份弹劾苏轼的奏章，皇帝将案子交由御史台审办。御史台借此要求将苏轼关押起来。御史台指控苏轼的罪证还有一部苏轼刻的诗集，而把这部诗集呈给朝廷的正是大名鼎鼎的《梦溪笔谈》的作者沈括。这件事令许多人对沈括颇有微词。

其实御史台指控苏轼对朝廷不满也并非空穴来风。耿直的苏轼在政治上的保守限制了他的思维和视野，他常常写诗讽刺朝廷，贬低新法，在旧党中引导与新法相反的风向，很大程度上影响了新法的推动和实施。苏轼因为始终坚持"食君之禄，为君分忧"，始终维护他心中的正道和正义，始终对朝廷忠诚，对于改革敢于大胆提出自己的主张，仗义执言，结果把新旧党争中的两边都得罪了，这导致他在朝廷中并不顺遂，就像他的侍妾王朝云所说的："一肚皮不合时宜。"苏轼的政敌怎会放过如此良机？李定和舒亶等人歪曲苏轼诗的本意，指责他的诗讽刺新法，给苏轼扣上了一顶对神宗皇帝不敬的帽子，甚至逼迫苏轼认下叛逆的罪名，总之就是千方百计地想让宋神宗给苏轼定罪。不过，宋神宗却犹豫不决——宋太祖早有誓言："除叛逆谋反罪外，一概不杀重臣、不杀士大夫。"宋神宗又是个特别爱惜人才的皇帝，所以，宋神宗采取了折中的办法：将苏轼贬官，调离了权力争斗的中心。

这就是著名的"乌台诗案"。乌台就是御史台。为什么御史台叫乌台呢？这是因为当时御史台院子里有几棵大柏树，上面有乌鸦筑巢，所以人们就把御史台称为"乌台"，后来一直沿用。案件又是因诗文而起的，所以叫"乌台诗案"。"乌台诗案"开创了我国文字狱的先河。苏轼被关在御史台4个月又20天。这段日子，老友、旧部纷纷上表为他求情，弟弟苏辙更是愿意卸下一切官职为兄长赎罪。苏辙也遭到了降职处分，调到高安，任筠州酒监，与日后兄长被幽闭的黄州相隔160里。可以看出苏轼和苏辙两人感情极深。在官场上，苏辙更像一个稳重成熟的哥哥，一次又一次救苏轼于危难。

这是苏轼仕途中的第二次跌落，也是打击最大的一次。他被贬去黄州，官职为黄州团练副使，这其实就是一个无职无权的空名，更不能签书公事，形同流放。由于苏轼是戴罪之身，犯官的身份，官府不配备官舍。苏轼到达黄州后，只能暂时借住在一座寺庙里，这座寺庙就是定慧院。在郁闷凄怆的心情下，苏轼写下了《卜算子·黄州定慧院寓居作》：

缺月挂疏桐，漏断人初静。谁见幽人独往来，缥缈孤鸿影。

惊起却回头，有恨无人省。拣尽寒枝不肯栖，寂寞沙洲冷。

这首词托物寄情，表达了苏轼孤高自许、不随波逐流的心情。全词托物咏人，物我交融，含蕴深远。苏门四学士之一的黄庭坚评价这首词说："语意高妙，似非吃烟火食人语，非胸中有万卷书，笔下无一点尘俗气，孰能至此！"苏轼有着满腹的抱负，希望为朝廷分忧，为老百姓做实事。他在做地方官期间，尽心竭力为百姓分忧解难，并做出了令人称道的业绩。只是目前的形势让他无能为力，这也是他写这首词的心境。

元丰四年（1081年），苏轼迫于形势开始务农。闲来无事，苏轼便带领家人开垦城东的一块坡地，种田帮补生计。"东坡居士"的别号便是他在这时起的。

苏轼在黄州期间生活上虽清苦，但精神上是自由的。他曾多次到黄州城外的赤壁山游览，写下了大气磅礴的《赤壁赋》《后赤壁赋》和《念奴娇·赤壁怀古》等千古名作，以此作为他谪居时的寄托。

  大江东去，浪淘尽，千古风流人物。故垒西边，人道是，三国周郎赤壁。乱石穿空，惊涛拍岸，卷起千堆雪。江山如画，一时多少豪杰。
  遥想公瑾当年，小乔初嫁了，雄姿英发。羽扇纶巾，谈笑间，樯橹灰飞烟灭。故国神游，多情应笑我，早生华发。人生如梦，一尊还酹江月。

这首词怀古抒情，展现了苏轼虽然满腔的雄心壮志被消磨，但又能转念间以旷达之心看待人生和历史。词的上阕写景，生动描绘了赤壁的风起浪涌、开阔宏大的意境，同时透露出深沉的感慨。作者将浩浩荡荡的江水与千古人物诉诸笔端。如果千古风流人物也要被大浪淘尽，反观自己渺小的人生岂不可悲？豁达的苏轼却别有感慨：既然千古伟人都难免逃此命运，那么个人一时的功名又算得了什么呢？人是殊途同归的，计较于一时荣辱，未免太过愚蠢。

在黄州一段时间以后，苏轼开始重新找回往日的快乐。

他对劳而有获的田园生活心满意足。这种精神上的解脱还表现在他的写作上,他的文字不再犀利和尖锐,反而变得温暖、亲切、诙谐。正是由于他的豁达,才能让自己置身于如此境地还能诗意田园。此时他的小儿子降生,取名"遁"。他在孩子出生3天受洗礼之时,作诗一首:

人皆养子望聪明,我被聪明误一生。
惟愿我儿愚且鲁,无灾无难到公卿。

经历了各种沉浮,此时的苏轼深知官场不易,对自己孩子的愿望简单朴实了许多。可惜这位名叫遁儿的孩子后来夭折了。

一百多年后,诗人陆游将所有审问苏轼的文件整理成一本书,详细记录"乌台诗案"始末,以及苏轼对自己诗词的解析。这是文人之间的识英雄、重英雄之举——以自己的方式为其正名!文人之间的相互欣赏还表现在,即使政见不同,被一贬再贬,通达的苏轼仍会在路过金陵(今江苏省南京市)时去拜谒当时已经被罢相的王安石。此时的王安石已经没有了昔日的风范,只是一个疲惫颓唐的老人。两人放下各自的政治立场,只是谈论诗书文章,讨论佛理,相谈甚欢，苏轼竟留了一个月才告辞。

第三部分：东山再起，风云变幻

元丰八年（1085年）三月，宋神宗驾崩，年仅10岁的哲宗继位，皇太后以皇帝年幼为名要求摄政。她通盘否定了王安石的变法，将其废除，史称"元祐更化"。她任用司马光为宰相，重新召回苏轼。苏轼先是任登州太守，刚到任5天就被召回京，任翰林学士知制诰。之后的1年多，苏轼飞速升职，跨越了12个官阶，最后官至翰林院学士，让人瞠目结舌。翰林院学士是传统士大夫的最高官衔。一切都猝不及防，一切又似乎有迹可循！

重回政治中心并没有让苏轼有多开心。太后和司马光全盘否定王安石的新法，而苏轼却秉承着实事求是的原则，反对全盘否定，认为可以取其精华、去其糟粕。他的固执己见让太后和司马光非常不满，苏轼此时觉得孤掌难鸣，无力推行自己的政治主张，再次主动请辞外放，回到杭州，出任杭州太守。在任杭州太守期间，他依然满腔热情地为百姓造福。在杭州西湖，他指挥二十多万人利用挖出的淤泥葑草堆筑起一条南北走向的堤岸。堤上有映波、锁澜、望山、压堤、东浦、跨虹六桥，古朴美观。苏东坡曾有诗云：

> 我在钱塘拓湖渌，
> 大堤士女急昌丰。
> 六桥横绝天汉上，
> 北山始与南屏通。

当地百姓把这座堤坝称为"苏堤"。至今，苏堤仍是游杭州西湖必打卡的景点。

"东坡处处筑苏堤"，苏轼一生筑过3条长堤。另两条，其中一条是苏轼在被贬颍州（今安徽省阜阳市）时，对颍州西湖进行疏浚时筑的；另一条是绍圣元年（1094年），年近6旬的苏轼被贬为远宁军节度副使，惠州安置，他拿出皇帝赏赐的黄金，捐助疏浚惠州西湖，还修筑了一条长堤。为此，"父老喜云集，箪壶无空携，三日饮不散，杀尽西村鸡"，人们欢庆不已。这条长堤如今仍位于惠州西湖入口处，像一条横穿湖心的绿带，把湖面一分为二，长堤的左侧是丰湖，右侧是平湖。

元祐八年（1093年），太后驾崩，18岁的哲宗亲政，开始变本加厉地打击元祐党人。此次贬官致使苏轼再也没有回到京城。苏轼先是被贬为定州太守，逐出京城；1个月后又被贬至惠州，在惠州住了2年零6个月；1097—1100年，苏轼被调往海南儋州，成为第一个被贬谪到广东高山大庾岭以南的人。在儋州时，他自己动手制墨、发掘生蚝的美味、给《尚书》作注，并留下了脍炙人口的诗句：

罗浮山下四时春，
卢橘杨梅次第新。
日啖荔枝三百颗，
不辞长作岭南人。

苏轼在宦海浮浮沉沉，但一直没有被打倒，他总能从困境中走出来，这也是大家崇拜他的原因之一。

第四部分：有趣的灵魂

1101年，哲宗去世，徽宗继位。苏轼被赦免，得以北返。1101年7月28日，苏轼在常州逝于归朝途中，享年64岁。

至此，苏东坡跌宕起伏的一生终于画上了休止符。但他却活得如此丰盈。他一共经历了六个历史时期：仁宗时期（1036—1063年），英宗时期（1064—1067年），神宗时期（1068—1085年），哲宗时期高太后垂帘听政（1086—1093年），哲宗亲政时期（1094—1100年），徽宗时期（1101年）。

可以用罗曼罗兰那句至理名言来诠释："这个世界只有一种英雄主义，就是在看清世界的真相之后还能满腔热情地去热爱生活。"苏东坡就是这样一位英雄。他满腹经纶，才高八斗；他豁达天真，通达识理；他年少成名并不沾沾自喜；他身居高位亦能仗义执言，宁被贬官也不放弃自己的政治立场攀附权贵；他守着自己的底线和气节，宁愿道不同不相为谋，也不做风吹两边倒的墙头草。

苏东坡曾对他弟弟苏辙说："吾上可陪玉皇大帝，下可陪卑田院乞儿。眼前见天下无一个不好人。"这句话在数百年后被当代作家木心重新演绎："不知原谅什么，诚觉世事尽可原谅。"木心也是一位大师，也是经历了种种磨难依然能体面地活着，活得高贵而有质量。原来有趣的灵魂真能互通！

苏东坡的人格魅力不光在于他为官的清廉和坚守。他更是一个有血有肉的凡人。他对兄弟的手足之情，对爱人的怜惜之情，对百姓的帮扶之情……林林总总，让他区别于一个高高在上的神。

在苏家，和苏轼关系最亲密的就是他弟弟苏辙——苏子由。苏洵和夫人一共育有6名子女，可惜其他的都早夭了，只剩下苏轼和苏辙两兄弟。他们一起长大，一起读书，一起赴京赶考，一起金榜题名。他们两兄弟深厚的手足之情，在人生顺逆荣枯过程中被展现得淋漓尽致，经常被苏东坡写进诗词。兄弟二人患难时相扶相助，相互慰藉，分隔两地时会互相寄赠诗词。苏辙天生稳健而持重，具有恬静冷淡的气质。他尽管比苏轼年幼，在官场上却比兄长得意，官位更高。两兄弟对政治的见解相同，宦海浮沉的经历也相似，苏辙机敏冷静，经常忠言规劝哥哥，苏轼受益良多。由于性格使然，苏辙不像苏东坡那样锋芒毕露，而是相对低调，所以树敌并不多。相较于兄长的起落，他算是平稳的，但他对哥哥也充满了崇拜。苏东坡去世之后的墓志铭是他写的，其中有这么一句："我初从公，赖以有知。抚我则兄，诲我则师。"而苏轼也曾在一首诗里说："我少知子由，天资和且清。……岂独为吾弟，要是贤友生。"

苏东坡的深情还表现在对待早逝的妻子王弗的态度上，他在她去世10年后写下了《江城子·乙卯年正月二十日夜记梦》。

十年生死两茫茫,不思量,自难忘。
千里孤坟,无处话凄凉。
纵使相逢应不识,尘满面,鬓如霜。
夜来幽梦忽还乡,小轩窗,正梳妆。
相顾无言,惟有泪千行。
料得年年断肠处,明月夜,短松冈。

这首悼亡词表达了苏轼对妻子王弗的思念之情。他在妻子故去 10 年后仍能如此深情,实在不可多得。悼亡诗从《诗经》开始出现,而悼亡词却是苏东坡首创的。

苏东坡对生活永远一往情深,无论命运如何打击他,都无法将他折损。越将他推入深谷,他就越发向阳而生。正如他写的《自题金山画像》:

心似已灰之木,
身如不系之舟。
问汝平生功业,
黄州惠州儋州。

从"老夫聊发少年狂,左牵黄、右擎苍,锦帽貂裘,千骑卷平岗……西北望,射天狼"的豪情万丈,到"休对故人思故国,且将新火试新茶,诗酒趁年华"的清丽婉转,东坡先生不管身处何等境地,始终能将审美意趣发挥到极致,使他与芸芸众生得以区分。所以,他的一生过得快乐,无所畏惧。他游历四方,结识了各种各样的友人,像一阵清风把足迹撒遍神州。

佛寺趣事

苏轼在黄州时,与金山寺住持佛印禅师常有往来。一天,苏轼作了一首诗呈给佛印禅师:"稽首天中天,毫光照大千,八风吹不动,端坐紫金莲。"禅师只批了个"屁"字就让书童带回。苏轼见字后非常生气,立即渡江去质问禅师,禅师却哈哈大笑:"学士,学士,您不是'八风吹不动吗?怎又一'屁'就打过了江?""八风吹不动"源于《佛地经论》卷五,唐朝诗僧寒山子的诗中也有此句,其中的"八风"是佛教用语,指的是八种境界的风:誉、毁、讥、称、利、衰、乐、苦。这个不知道是否是后人杜撰的小故事写出了东坡先生的可爱和接地气。

书画成就

东坡先生不仅精通诗文,书画上的造诣也尤为突出。

苏轼与黄庭坚、米芾、蔡襄并称为"宋四家",擅长楷书和行书。他曾经遍学晋、唐、五代各位名家的字,后又融会贯通了颜真卿、王僧虔、徐浩、李邕、杨凝式等名家的书法风格,然后自成一派。苏轼自称"我书造意本无法""自出新意,不践古人"。黄庭坚则评价他:"早年用笔精到,不及老大渐近自然。"这其实是因为苏轼一生经受了许多坎坷,他的书法风格也随之变化。苏轼存世的书法作品有《黄州寒食诗》《赤壁赋》《祭黄几道文》等。

在绘画上,苏轼十分擅长描绘墨竹,且重视神似,反对形似,主张画外有情、有寄托,反对束缚,提倡"诗画本一律,天工与清新"。他还提出了"士人画"概念,为未来"文人画"的发展打下了一定的理论基础。其作品有《古木怪石图卷》《潇湘竹石图卷》等。

有如此多的特长,难怪林语堂先生称之为"天才"!在他去世后的10年间,朝廷一再禁止他的诗文,士大夫们以不能读东坡诗为憾。直到高宗即位后,开始阅读东坡的遗著,佩服他的谋国之忠、至刚之勇,并开始重赏他的后人,这些在苏东坡故去之后达到了巅峰。乾道六年(1170年),孝宗赐苏轼谥号"文忠公",又赐"太师官阶"。这些都是皇帝对天才的肯定。到现在，各种版本的《苏文忠公全集》的卷首都还印有皇帝的圣旨和皇帝钦赐的序言，这是多么无上的荣耀。而这一切成就正来源于他不变的气节、秉性、才情！我们通过阅读《苏东坡传》这本书，了解苏东坡的生平，可以真切地感受到他是一个具有现代精神的古人。

李天意读《老人与海》

李天意　就读于北京市海淀外国语藤飞学校，是初二年级中英文马术藤飞班年龄最小的学生。自幼酷爱读书，学习古筝九年、马术两年。

李天意读《老人与海》

作者简介

中篇小说《老人与海》的作者是美国著名小说家、美国普利策奖和诺贝尔文学奖获得者——海明威。海明威的全名是欧内斯特·米勒·海明威（Ernest Miller Hemingway），1899年7月21日出生在美国芝加哥的一个名叫奥克帕克的小镇上。

海明威的童年时光都是在乡下的小镇上度过的，他热爱大自然，喜欢钓鱼、打猎，也喜欢读书、听故事。中学时代的海明威学习成绩优异，特别是在英语写作方面很早就展现出了很高的天赋。在初中时，他就开始给文学社撰写文章，高中毕业后，海明威没有去读大学，而是进入当时美国很有名的《堪城星报》做了记者，正式开始了他的职业写作生涯。

1918年，第一次世界大战期间，年轻的海明威毅然辞掉记者的职务，跟随红十字会救护队前往战争前线。他亲临战争现场，目睹了战争的残酷。他在给前线运送补给品的途中受了伤。后来，海明威在米兰一个美国红十字会的医院工作。

1926年，海明威出版了长篇小说《太阳照常升起》，这部小说让他在写作上初获成功。1929年，他反映第一次世界大战的长篇巨著《永别了，武器》出版。这部作品的创作灵感就来源于他经历的第一次世界大战。海明威把自己当作小说中的主人公，进行了本色的创作，这部作品给他带来了很高的声誉。

后来，海明威离开美国，到非洲旅行、狩猎。1935年写了《非洲的青山》和一些短篇小说。1937年发表了小说《有钱人和没钱人》。西班牙内战期间，海明威先后3次以记者身份亲临前线战场，在炮火硝烟中写了剧本《第五纵队》，创作了长篇小说《丧钟为谁而鸣》。1941年，海明威偕夫人访问中国，支持中国的抗日战争。后来，他又以战地记者身份重赴欧洲，并且多次参加战斗。第二次世界大战之后，海明威长期在古巴居住，并且潜心写作。1952年，小说《老人与海》问世，并且深受好评，第二年他获得了普利策奖；1954年，他获诺贝尔文学奖。

晚年的海明威离开古巴返回美国定居。他在战争中身上多处受伤，晚年旧伤缠身，精神忧郁，于 1961 年 7 月 2 日用猎枪自杀。

创作缘由

《老人与海》这本小说是根据古巴一个老渔民的真人真事而写成的。

第一次世界大战结束之后，有很长时间海明威都在古巴居住，在那里他认识了当地的一个老渔民，名字叫格雷戈里奥·富恩特斯。有一次，海明威乘坐的船在暴风雨中沉没了，是老渔民富恩特斯及时赶到并搭救了海明威。从此，海明威就和富恩特斯结下了深厚的友谊，他们经常一起出海打鱼。

1936 年的一天，老渔民富恩特斯出海，船在海上走了很远，后来，老渔民捕到一条非常大的马林鱼，由于这条鱼太大了，所以老渔民在海上花了很长时间才把这条大鱼捕到。但是，在返航途中，老渔民的船被鲨鱼袭击，回来的时候，那条大鱼只剩下一副骨架。

1936 年，海明威在《乡绅》杂志上曾经发表一篇散文，标题是《碧水之上：海湾来信》。散文中的一段便记叙了一位老渔夫独自驾驶着小船出海捕鱼，结果出人意料地捕到一条非常巨大的马林鱼，但在回航途中，鱼的大部分却被鲨鱼吃掉的故事。那时，海明威就觉察到它是非常好的小说素材，却苦于一直没有机会去动笔写它。

1950年圣诞节之后，海明威开始动笔写《老人与海》。这部小说最初的名字是《现有的海》。写这部小说用的时间不长，海明威前后只用了不到两个月的时间。写好以后，他把手稿送给那些他在古巴的朋友们看，获得了一致的赞美。后来，小说改名叫作《老人与海》并发表，获得了空前的成功。

故事梗概

《老人与海》这部小说中的主人公是古巴的一个老渔夫，名字叫圣地亚哥。他年轻的时候，被人们送了一个称号，叫"冠军"。因为他身强力壮，意志坚强，在跟一个身体健硕的黑人进行的掰腕子比赛中，两个人持续比了一天一夜，就在大家想让他们两个人以平局结束比赛的时候，圣地亚哥使出全身的力气，将黑人的手腕重重地掰倒在了桌子上，他最终战胜了对手，赢得了比赛，也赢得了"冠军"的殊荣。

只不过，在小说开始的时候，圣地亚哥已经是一个年迈的老渔夫了，他的妻子已经过世，他独自一个人生活在海边的一个简易窝棚里。平日里靠打鱼勉强维持生计。

他有一个小徒弟，一个叫马诺林的男孩子。马诺林是一个非常聪明、善良的男孩。他跟老渔夫学了很多打鱼的本领，也是老渔夫最好的帮手。再者，马诺林非常崇拜老渔夫，他认为，老渔夫是他见过的最棒的渔夫。

但是，接连40天，老渔夫和马诺林没有捕到一条鱼，马诺林的父母认为可能是老渔夫在走霉运，就执意让小男孩离开老渔夫，去了另外的一条渔船。

虽然小男孩恋恋不舍，但是他也只能离开。老人非常理解，他只好独自出海。持续84天，老人依旧没有打到一条像样的鱼。老人饥寒交迫，但是他依旧对自己充满信心。第85天，老人早早就出海了，他义无反顾地把船驶向了海洋更深更远的地方，他的目标是要捕到一条大鱼。

在海上，老人在深度不同的海域，熟练地投下了高度不同的鱼饵。在军舰鸟的带领下，老人找到了一群鲯鳅鱼，但那些鱼游得太快了，老人无能为力。但是他没有灰心丧气，他依旧坚信，一定能等到属于他的那条大鱼。这时，一条长鳍金枪鱼咬钩了，老人非常熟练地抓住了它。那条长鳍金枪鱼有10磅重，但这可不是老人眼中的大鱼，老人只把它作为鱼饵又放回了海中。

功夫不负有心人，中午时分，一条大鱼终于上钩了。这条大鱼可真够大！它的身体长度比老人的渔船还要长，这条鱼的重量足够把渔船掀翻。老人还从来没独自打到过这么大的鱼，他异常兴奋。但是，大鱼不会轻易让老人逮到。大鱼拼命地游，小船被大鱼拖着游向了大海的更深处。老人将船上所有的渔线都集中到一起，准备随时对付这个已经上钩的大鱼。老人担心，如果把渔线绑在船舷上，会被大鱼挣断。所以，他一直把渔线攥在手里，绕在背上，用他的身体感知大鱼的游动。他时而将渔线收紧，时而将渔线加长，片刻不敢放松。就这样，他跟大鱼在海上僵持了一个晚上，大鱼还在不知疲倦地游着。

　　第二天白天，老人感觉到大鱼游动的速度有点慢了，但是依旧没有疲惫，还在拼命地游。为了保持体力，老人生吃了一条金枪鱼。但是，老人的左手因为太过用力攥绳子，突然开始抽筋。老人用尽力气将绳子多绕在身体和右手上，让左手有点恢复的时间。老人想，要是小男孩在就好了，可以帮他揉揉抽筋的胳膊和手，但是，现在只有他一个人，他一定要勇敢地坚持下去。大鱼终于从海底浮出水面，老人能远远地看到它，这条大鱼比自己的渔船还要长两英尺。老人没料到，这条大鱼居然如此之大，而且还是他独自一个人面对如此巨大无比的鱼。但他没有丝毫的退缩,脑海中飞快地想着,还需要多准备点工具,来对付这条大鱼。

太阳落山了,大鱼再也没有浮出水面,但还在拼命地游,老人只能跟大鱼一起度过又一个僵持的夜晚。夜里,大鱼终于安静下来。老人也需要好好休息一下,哪怕是小睡一会儿,好让他恢复一下体力。老人把渔线牢牢攥在手里,身体重重压着渔线,靠在船边睡着了。老人刚刚梦到海豚和狮子,就被右手打醒,原来是大鱼开始挣扎了,老人知道真正的较量开始了。

在大鱼上钩的第三天,大鱼终于快把力气耗尽了,开始绕着老人的渔船转圈。老人是经验丰富的渔夫,他知道,此时此刻,他应该怎样做。老人开始慢慢地收着手里的渔线,大鱼离渔船也越来越近。但是,大鱼是没有那么轻易就屈服的,还在用尽全身的力气做最后的挣扎。老人手里紧紧握着鱼叉,让大鱼靠渔船更近一些。看准了时机,老人拿起鱼叉奋力地向大鱼刺了过去,终于把大鱼刺死了。这条大鱼起码有1500多磅重,老人把大鱼牢牢地绑在自己渔船的侧面,拉起船帆,向回家的方向驶去。

老人和大鱼搏斗的时候刺了大鱼,所以大鱼身上流出的血在海水中慢慢地散开。这血腥的味道,吸引了凶猛的鲨鱼。首先来的是一条登多索鲨，老人及时看到，用鱼叉将鲨鱼刺死，但是老人的鱼叉也随着鲨鱼的尸体沉入了大海。没过多久，又来了一条凶恶的双髻鲨，鱼叉没有了，老人将刀绑在船桨上作武器，用刀子成功地将那条鲨鱼刺死了。但是，他的刀子却断掉了，只剩下半截木棍。这时，又来了两条双髻鲨，老人没有退缩，用手里的木棍将两条鲨鱼击退。夜晚来临，更大的危险也在逼近。一大群鲨鱼寻着血腥味游了过来。老人看不清有多少条，只能在黑暗中，听着声音，用力地拿木棍击打。后来，木棍也打飞了，老人把掌船用的舵拿来继续战斗。舵把被打断了，老人用断了的舵把杀死了最后一条没有游走的鲨鱼。但是，老人的那条大鱼，已经被鲨鱼们吃光了，只剩下一副骨架。

这个夜晚，老人终于回到了渔村，此时的他，早已筋疲力尽，他艰难地绑好自己的渔船，收拾好东西，蹒跚地挪回了家。他倒在床上，沉沉地睡着了。

第二天，村里的人们看到了老人船上绑着的那条大鱼的鱼骨架，这个鱼骨架足足有 18 英尺长，虽然只剩下了鱼骨，但是所有人都被老人永不言败的精神打动。小男孩马诺林来看望老人，他终于能自豪地跟人们说，老人就是最棒的渔夫。他决定跟老人一起出海，去学更多的东西。他们相约，过几天，等天气好些，就一同出海打鱼。孩子走了，老人又睡了，在梦中，他又看到了非洲的狮子。

人物介绍

主人公一：圣地亚哥

《老人与海》这部小说的主人公是一个年迈的老渔夫，名字叫圣地亚哥。

孤独的渔夫

老渔夫圣地亚哥打了一辈子鱼，年老的他身形清瘦，皱纹爬满了脖颈，脸上和身上随处可见常年暴露在日光下的晒斑，双手爬满了厚厚的老茧。浑身上下都透露着他已年迈不堪，除了那双像海水一样深蓝的眼睛。

老渔夫独自居住在海边的一个简陋的窝棚里，他的爱人去世了，留下他一个人孤单地生活。他没有什么朋友，有一个叫马诺林的小男孩跟他一起学打鱼。更多的时候，他还是一个人。一个人出海，一个人回家，一个人吃饭，一个人独自面对大海。

天生的渔夫

圣地亚哥是天生的渔夫。他热爱大海，喜欢捕鱼。圣地亚哥年轻的时候就开始出海捕鱼，每天与海打交道，他练就了娴熟的捕鱼技巧。他会根据天空云朵的变化预测天气，他把手放到海水中，就能感知到水的流动方向，他会根据水域的深浅放置不同高度的鱼饵，他能在鲨鱼靠近的时候，精准地用鱼叉一下击中其要害。他非常耐心地教小男孩马诺林如何捕鱼，如何成为一个优秀的渔夫。在小男孩的眼中，老渔夫圣地亚哥就是他心中最棒的渔夫。在当地，大多数渔民在年纪大的时候就不做渔夫了，但是圣地亚哥却没有，他一直在打鱼。因为他热爱大海，他更相信自己。在这片他挚爱的大海里，他能找到真正的自己。

永远的"冠军"

年轻时的圣地亚哥，身强力壮、精力旺盛、力大无比、体壮如狮。他曾经参加过一次当地举办的掰手腕大赛。圣地亚哥的对手是一个比他高大威猛的黑人，比赛持续进行了一天一夜，裁判都累得轮班休息了，两个比赛选手却一直在坚持鏖战，最后圣地亚哥使出全身力气，将黑人对手的手腕重重地压在桌子上，赢得了比赛，也赢得了"冠军"的称号。

不光是在比赛上，在捕鱼上，老人也一直非常优秀。日渐衰老的圣地亚哥始终坚持自己热爱的捕鱼事业，享受着每天出海捕鱼带给自己的快乐。

虽然他经历了 84 天没有打到鱼的日子，但是老人一直没有放弃，他一直相信，自己会打到大鱼，在捕鱼上他还是会赢。在第 85 天，老人捕到了一条比自己的渔船还要长的巨大无比的马林鱼，他用行动证明了自己在捕鱼上也是永远的"冠军"。

乐观的渔夫

作者海明威在小说中着力描写了老人圣地亚哥的内心世界。老人意志坚强，乐观豁达的性格跃然纸上。

老人心中的家就是大海，他把大海看成一位善良、仁慈、美丽、包容的女性。每次提到海洋，老人总是用"她"这个词。他把鸟儿、鱼儿、海风都当作自己的朋友。出海时，他会跟他的这些朋友们聊天，他也会喃喃自语。看到艰难觅食的小燕鸥，老人会替它们发愁。他把鱼饵放入水中，还会告诉鱼儿们别难为情，趁着新鲜赶紧吃掉。看到停在船上的鸟儿，他会告诉鸟儿，多休息一会儿。

就算是老人钓到了那条巨大的马林鱼，被大鱼拽着一直在海里跑，老人也没有太多怨言，而是告诉大鱼，自己会一直陪着它，无论到哪里。

当老人独自面对大群鲨鱼的袭击时，老人始终乐观坚强，即使是鱼叉被鲨鱼带走，他还是告诉自己，有经验的渔夫是不会畏惧的，于是他用刀子和船桨自制了武器，继续和鲨鱼战斗。

主人公二：马诺林

小男孩马诺林是老渔夫圣地亚哥的小徒弟，也是他的知心好友。在《老人与海》这部小说中，作者没有描写小男孩的样貌，也没有告诉大家小男孩的年龄到底是几岁。甚至在小说中，作者仅在开头和结尾部分 2 次提到过他的名字，更多的时候，还是用"小男孩"来称呼他。虽然小说对小男孩的着笔不多，但是在关键时刻，小男孩总是跟老渔夫在一起——有的时候他们是真正在一起，是真实的；有的时候，小男孩只是出现在老渔夫独自出海时的喃喃自语中。

小小少年，5 岁当学徒

小说用老人和小男孩的对话告诉读者，小男孩 5 岁开始就跟老渔夫学习捕鱼了。5 岁时，小男孩第一次登上老人的船，他清晰地记得老人把一条又大又猛的鱼拖到船上，鱼在船上跳来跳去，快要把船撞坏了，老人抡起一根大木棒不停地击打，血溅了小男孩一身。不光是这一次，小男孩还能清晰地记得跟老人一起出海的所有事，桩桩件件他都历历在目。

聪明、善良、有爱的小渔夫

老渔夫晚年的时候妻子去世了,也没有孩子,所以生活上很孤独。还好,有小男孩马诺林陪着他。

打鱼归来,小男孩会帮老人把打鱼的工具送回老人的窝棚。老人扛着桅杆,小男孩抱着木箱,手里还拿着鱼叉和鱼钩。

天气转凉,小男孩会提醒老人多穿些衣服,毕竟海上风很大。

老人睡了,小男孩会轻轻地给他盖上毯子,怕他着凉。

老人没吃饭,小男孩就独自跑到餐馆跟老板要来好吃的。

小男孩的打鱼技术都是老人倾囊相授的,他对老人崇拜有加,对其他人也善良有爱。小男孩坚信,老人一定能满载而归,即使老人已经84天没有打到一条大鱼了。

小男孩虽然没有跟随老人一起出海,但是在老人独自捕鱼的三天三夜,在老人追逐大鱼和对抗鲨鱼围攻的时候,小男孩却始终出现在老人脑海里。在老人的自言自语中,我们能看到,如果小男孩在,小男孩会帮上很多忙,能帮他拽渔线,能帮他揉揉僵硬的手臂,也能陪老人聊天。

男孩虽小,却是老人身后强大的支撑。

艺术特色

口语式表达，营造真实场景

在《老人与海》这部小说中，作者海明威运用了大量的对话语言，在整部作品中，超过一半的内容是用口语化的语言来表现的。

文章开篇，就用小男孩一声清脆的喊声"圣地亚哥爷爷"把读者带入了那个海边的故事。当老人说"你不用跟着我啦"，读者会发出这样的疑问：为什么老人不让小男孩跟着？读者会急切地想知道：到底发生了什么事情？小男孩最后会不会跟着老人一起出海？读者会随着作者的描写，步步紧跟着读下去。

小说中对话的语言描写十分真实，让读者感觉就置身在其中，就在老人和小男孩的身边，看着他们聊天，听着他们说话。

"我给您拿四条新鲜的来吧。"小男孩说。

"一条就够了。"老人说。

"两条吧。"小男孩说。

"两条就两条，"老人同意了，"你不是去偷的吧？"

口语化的表达，在很多文学作品中都被应用过。但是，像《老人与海》这样把对话写得如此真实，而且使用量如此之大的，真是少之又少。

与传统的书面描写相比较，口语化语言更容易让读者沉浸在作者所描述的故事当中，同时也让故事的情节更紧凑，更吸引人，更引人入胜。

作者海明威在创作《老人与海》这部小说的时候，没有选择用大量的语言对老人和小男孩的背景和环境做过多的描述，而是选择运用口语化的表达、对话式的场景来更灵活地传递信息，营造出了《老人与海》这部作品独特的对话式语言风格。

生活化用词，印证作者过往

生活中的海明威是一个酷爱运动和冒险的人，他曾经在非洲的大草原狩猎，打过非洲雄狮，也被犀牛袭击过。他喜欢出海打鱼，对渔民的生活非常了解。对捕鱼的过程掌握得非常精准。在他的作品中，老渔夫出海打鱼的一举一动，一招一式都描写得身临其境一般。比如老人将钓饵放入水中的一段描写："每条钓绳各有两个四十寻的线圈，可以和其他多余的线圈系在一起，所以必要的时候，一条鱼拖出三百多寻的钓绳也不碍事。"还有老渔夫独自一人跟大鱼对抗时的描写："老人把绳子绕在背上，紧紧拉住，弄得钓绳都拧出水珠来。然后钓绳开始往水里拉曳，他牢抓不放，身体抵住坐板，往后靠，对抗大鱼的拉力。"

他在小说的创作中，在遣词造句上，没有华丽的辞藻或浮泛的文字，而是使用了生活中常见的日常用语与常态用词。这部小说的句子短小精练，语言表述精准，采用直截了当的叙述和生动鲜明的对话来表述内容，形成一种平白如话、简洁清新的文体。例如，老人说："鱼儿弄死我，我也不在乎。天哪！我不恨他，我爱他！"小说整体结构清爽直白，将读者、作者、描写对象三者之间的距离拉至最近，起到自然天成的艺术效果。

内心真独白，传递真情实感

老渔夫驾着小船在无边无际的大海中追着大鱼跑了一天一夜，第二天夜里，老渔夫实在太累了，想休息一会儿。他正做梦的时候，又被大鱼弄醒，这时，老渔夫对自己说："老头儿，你自己还是勇敢些，充满信心吧。"在与大鱼搏斗的过程中，老渔夫又对自己说："老头儿，要镇定，要坚强。"老人一直通过内心独白的方式给自己加油打气。

当打败鲨鱼之后,筋疲力尽的老人希望这一切都是梦,但又一转念:"不过,人不是生来就会被打败的。""人可被毁灭,却不能被挫败。"这不是简单的内心独白,这传递的是老人的人生信条和写照。

"老头儿,不要多想,"他大声说,"顺这条路走下去,事情来了就要勇敢接受。"正是这些发自内心的独白,说明老人对生命的理解很透彻,能够坦然面对生活中的困难。

如画般描写,让人身临其境

并不是每个人都是老渔夫,但是每个读者都可以通过海明威的这部小说,走入老渔夫圣地亚哥的生活,去感受真实的大海。

海明威采用如诗如画般的语言描写,让读者借助老渔夫的眼睛,去看那五彩斑斓的世界。从绿色转到蓝色、紫色,再从幽黑转成红色。在老渔夫的眼中,大海是那么美,美到令人窒息。

> 陆地上的云块像群峰升起,海岸上只剩下一条长长的绿线,后面是灰蓝的山丘。海水呈深蓝色,深得几乎发紫。他俯视水中,看到幽黑的水面有红

色的浮游生物，和阳光造成的古怪光线。他望着钓绳，看它们笔直垂到水里看不见的地方。

这画面的色彩搭配像极了一幅油画。文章简洁的语言描写，读来更像一首清丽的诗，让人身临其境，久久不能离开。

极简式表达，"冰山"创作原理

《老人与海》是海明威运用"冰山"创作原理进行创作的标准范本。海明威认为："冰山运动之所以雄伟壮观，是因为它只有八分之一在水面上。"他曾说："我总是试图根据冰山原理去写它。关于显现出来的每一部分，八分之七是在水面以下的，你可省略去你所知道的任何东西，这只会使你的冰山深厚起来。这是并不显现出来的部分。"海明威认为在文学创作上应该遵循"冰山"创作原理，主要指"更少即是更多"，删除比添加素材更重要。在文学创作中，能够见诸笔端，呈现在读者眼前的，往往只有那八分之一的冰山一角，不要试图通过个人的主观表达绑架他人的思维，更不要把自己的观点和思想强加给读者。这样才不会使优秀的作品给人一览无余的感觉。

海明威在小说的创作过程中，将原本预计写一千多页的小说进行了大幅度的删改，让读者从自身经历去推敲小说故事的情节，也让小说表现得更为真实。虽然从表面上看，小说的人物、地点、时间、语言都极尽精练，殊不知，这些都是作者海明威有意而为之，朴素简洁的表达却蕴含着丰富的象征意义。《老人与海》呈现在读者面前的只是一位老渔夫和鱼的故事，大马林鱼也好，大鲨鱼也罢，说的都是老渔夫和它们搏斗的故事，没有再说其他。呈现给大家的冰山一角就是这样一个简单的人与大自然斗争的故事，但是冰山之下，那八分之七隐藏在水里的部分，却内涵深厚，令人浮想联翩，给人以无比的震撼。这也是这部中篇小说直到现在仍然被人们所称道的一个主要原因。

主题思想

《老人与海》这部小说自出版以来，关于其主题思想在国际上存在着多种争议，有硬汉精神说、悲剧主义说、现代主义、原始主义等。

"硬汉精神说"

老渔夫圣地亚哥终生与大海为伴，大海和鱼儿就是他的朋友。为了生存与荣誉，老渔夫不得不出海捕鱼，依靠大海的馈赠维持生活。但是，以大海为代表的大自然却是变幻莫测的。它既能帮助人，同时又能毁灭人。鱼类，虽能够养活人类，但为了生存也能够置人于死地。但是，人类在与自然和逆境的抗争中，会展现出永不言败、坚韧不拔的精神。

老渔夫圣地亚哥连续84天没有捕到鱼。当人们对他投来嘲讽的时候，他毫不气馁，没有丝毫的怨天尤人，在第85天的时候，他仍旧满怀信心地出海打鱼。很幸运，他捕到了比自己的小船还要大的大马林鱼。在与这条大马林鱼斗智斗勇的过程中，在他筋疲力尽的时候，老渔夫的脑海中从来没有闪现出一丝的退却。在随之而来的鲨鱼群的攻击下，老人依旧信心满满，表现出无比顽强的硬汉精神。在已经知道可能一无所获的情况下，就算是鱼叉断了，船桨折了，老渔夫仍然坚强不屈地击退了凶猛的鲨鱼群。小说通过多次描写鱼类的凶猛，衬托了老人的坚毅与顽强。海明威也通过老渔夫圣地亚哥之口说出了"人生来不是为了被打败的"和"一个人可以被毁灭，但不能被打败"，这也是作者对硬汉精神的高度概括。

"悲剧主义说"

故事的主人公老渔夫圣地亚哥从头至尾都是孤独的。生活中他失去了亲人，孤独终老；出海打鱼时一个人与大海和大鱼抗争，他更孤独。老渔夫在独自面对比自己的渔船还要大的大马林鱼时，他用尽了全身力气在海上追逐大鱼。但老渔夫还没来得及享受这来之不易的战利品，成群鲨鱼的突然袭击，就瞬间将老渔夫从喜悦的巅峰摔落到了悲剧的谷底。

无论老渔夫如何努力地与鲨鱼进行殊死搏斗，却仍旧逃不出"胜者无所获"的悲惨结局。在现实面前，在既定的命运面前，以老渔夫为代表的人类是多么的渺小。他们无力去应对那些不可抗力，这也必然会导致悲剧的发生。

原始主义与现代主义相互冲突

时代是在不断发展的。当老渔夫圣地亚哥还在依靠一条小船、一张渔网、一根鱼叉、一捆绳索等传统捕鱼工具出海打鱼的时候，很多渔夫已经开始采用现代化的捕鱼手段了。他们用汽艇、拖网渔船来捕鱼。他们可以不看天气状况，更不需要深入了解自然万物的规律。当深谙捕鱼技巧的圣地亚哥连续84天没有捕到鱼的时候，那些对海和鱼群一窍不通的渔夫，借助现代化的船舶机器，在头一个礼拜就捕到了3条上好的大鱼。这是原始捕鱼手段和现代捕鱼手段的冲突。

在小说的结尾处，人们看到老人带回大马林鱼的骨架，却不知道这是什么鱼的骨架，以老渔夫圣地亚哥、大马林鱼、大海为代表的原始主义，和游客、年轻船夫们所代表的现代主义形成强烈对比，更体现了冲突和嘲弄的意味。

名人评价

美国著名作家威廉·福克纳（William Faulkner）这样评价："《老人与海》是海明威的最好作品。时间将证明，他这本小说的质量将胜过我们任何人的作品。"

英国著名作家安东尼·伯吉斯 (Anthony Burgess) 这样评价："作为一篇干净利落的'陈述性'散文，它在海明威的全部作品中是无与伦比的。每一个词都有它的作用，没有一个词是多余的。"

艺术史家伯纳德·贝瑞孙 (Bernard Berenson) 这样评价："《老人与海》是一首田园乐曲，大海就是大海，不是拜伦式的，不是麦尔维尔式的，好比出自荷马的手笔；行文像荷马史诗一样平静，令人佩服。"

中国作家张爱玲这样评价："这（《老人与海》）是我所看到的国外书籍里最挚爱的一本。"

经典语录

一个人可以被毁灭，但不能被打败。

现在不是去想缺少什么的时候，该想一想凭现有的东西你能做什么。

绝望是一种罪过。

每一天都是一个新的日子。走运当然是好的，不过我情愿做到分毫不差。这样，运气来的时候，你就有所准备了。

等待也是种信念。
海的爱太深，时间太浅。

但是这些伤疤中没有一块是新的。它们像无鱼可打的沙漠中被侵蚀的地方一般古老。他身上的一切都显得古老，除了那双眼睛，它们像海水一般蓝，是愉快而不肯认输的。

在某种意义上，所有事物都在互相残杀。捕鱼就是要了我的老命，可是它同时也养活我。

每样东西都会杀死别的东西，只不过方式不同罢了。

他确信，只要他很想击败谁，就能击败谁。

你杀死它是为了自尊心，因为你是个渔夫。它活着的时候你爱它，它死了你还是爱它。如果你爱它，杀死它就不是罪过。也许是更大的罪过吧？

没有失败，只有战死！
痛苦对一个男子汉不算一回事。

他做出的选择是留在黑暗的深海，远远地逃离一切罗网、陷阱和诡计。

他明白没有人在海上是完全孤独的。

每天都是新的一天，有好运比什么都强。

这种鱼比金枪鱼要难吃，可是话得说回来，干什么都不容易。

他身上一切都老了，只有一双眼睛还像海水一般碧蓝，总那么愉快，从不沮丧。

一个人能够作出多大努力，就能够坚持到什么程度。

人并不比飞禽走兽高明多少，我可是宁愿化身为藏在海底的那众生。

运气这种东西，来的时候有许多不同的方式，谁能够认得出它呢？

太阳落山我不怕，直对着看也不觉眼前发黑。其实夕阳同样强烈，只是早上的光太刺眼。

黎明前总是特别冷。

每一次都是新的开始,每一次要这么做的时候,他绝不会去思考过去的丰功伟绩。

太顺利太好的事总是长久不了。

上了年纪的人特别怕孤单,他想,可打鱼总有一个人独处的时候。

张颖昕读《骆驼祥子》

张颖昕 13岁，就读于北京市海淀外国语藤飞学校。爱好马术、网球和钢琴。喜欢科幻小说和现代小说，选择赏析《骆驼祥子》是因为被老舍的写作风格吸引，被作品中现实的社会阶层差距与鲜明的人物性格所触动。

张颖昕读《骆驼祥子》

主要内容

　　《骆驼祥子》主要讲述车夫祥子的故事。祥子来到北平当人力车夫，梦想有一辆属于自己的车。祥子辛辛苦苦地干了3年，好不容易凑足了100元，买了一辆属于自己的车，精心爱护。但是突如其来的变故打碎了他的梦想，他连人带车一起被宪兵抓去当了壮丁。第一次理想破灭后，他费尽心思，带着3匹骆驼，想方设法地逃出了这个"地狱"。逃出去后，他把这3匹骆驼卖给了一个小村庄，然后开始拼命拉车，省吃俭用，一点点攒钱准备再买一辆新车。干包月的时候，省吃俭用攒下来的钱被狡猾的孙侦探搜刮了去，理想又一次破灭了。后来祥子遇到了虎妞，虎妞低价给祥子买了邻居二强子的车。虎妞喜欢祥子，但是她的爸爸并不同意这门婚事，他觉得祥子出身卑微，配不上自己的女儿。虎妞"精心策划"一个意外，对她爸爸说她怀孕了，而孩子是祥子的，她爸爸勃然大怒，直说要跟虎妞断绝关系。虎妞也是硬气得很，很天真地觉得自己和祥子不靠爸爸也能生活得很好，但是后来虎妞真的怀孕后，好吃懒做，变得越来越胖，脾气也越来越差，喜怒无常。她每天躺在床上，也不下地走走，直到生产的那一天，果不其然难产了，祥子赶忙去请神婆，但是没想到神婆是个骗子，骗走了他们全部的钱。虎妞和孩子还是去世了。祥子失魂落魄地卖了车，用仅剩的钱给虎妞办了丧事。从这之后祥子就开始疾病缠身，自甘堕落。后来他想起了小福子，也发觉了自己对小福子的心意，于是重新振作起来，他开始寻找小福子的踪迹。好不容易找到了，却还是晚来了一步，小福子因为忍受不了被卖，忍受不了每天遭受的凌辱，最终上吊自杀了，祥子来的时候连尸身都没有见到。祥子又一次遭受了毁灭性打击，崩溃了，世界上再也没有任何事情可以让他重新燃起斗志，他变成了一具真正的行尸走肉。

人物分析

祥子

祥子，本书主人公，农村出身，是一个老实、坚韧、像骆驼一样的人。他有自己的目标，吃苦耐劳，自尊好强，想要凭借自己的努力去实现目标。但是很不幸，他在经历了三起三落后，失去了对生活的希望与耐心。

虎妞

本书主要人物之一，祥子的妻子，是刘四爷（人和车厂厂主）的女儿。性格很是大胆泼辣，长得虎头虎脑的，所以变成了没人敢娶的老姑娘。她办事利落，是个好手，有着男人的爽快，也是一位敢于追求爱情的人，在和祥子的爱恨纠缠中，一直处于主动地位。在她的身上有旧社会的很多恶俗，但她也是旧社会的一个牺牲品，最终结局便是在生产过程中因为孕期好吃懒做不运动而难产去世。

小福子

小福子算是祥子生活发展的一个分支，继虎妞难产去世之后，她上吊自杀是祥子遭受的最后一次几乎致命的打击，成为彻底压垮祥子的最后一根稻草。她的死让原本纯朴、正直、善良又能吃苦的祥子最终变成了好吃懒做的行尸走肉。她的出现推动了剧情的发展，也揭露了旧社会把活生生的人变成鬼的残酷现实。

刘四爷

虎妞的父亲，是人和车厂的老板，也是祥子的雇主，已经70岁了。他对待工人十分苛刻，略微喜欢占小便宜，把面子看得比什么都重要，以至于在听到自己的女儿（虎妞）要跟祥子结婚时勃然大怒，觉得有失自己的面子，从而跟虎妞断绝了父女关系。

曹先生

在这本书中，曹先生是正面人物，他有自己的信仰，渴望成为一名真正的革命战士。他关心并同情祥子这种生活在旧社会最底层的劳动人民，他在生活上给予祥子许多帮助，还在精神上鼓励祥子。曹先生就像当时旧社会的一股清流，只可惜这位好人没有一个很好的结局。

高妈

高妈也是一位旧社会最底层的劳动人民。高妈从乡下来,在城里艰难讨生活。她的丈夫是个赌鬼,只要有钱就会去赌,哪怕是一毛钱。往往高妈苦苦地做事,刚刚拿到一点点薪水就被他要去赌了。很多时候,高妈的丈夫去找高妈要钱,不给就一直赖着不走,无奈的高妈只能借钱把他打发走。不久丈夫便因为一场意外去世了,这对于高妈来说有好也有坏。好的便是以后再也没有人找她要钱了,少了一个赌鬼拖油瓶的拖累,但不好的是她成了一个寡妇,无依无靠,只能指望自己了。

二强子

小福子的父亲二强子,是一个自暴自弃的车夫。他为了买车,卖了自己的女儿,风光了一阵子,但钱很快就用光了,他开始在家中发酒疯,朝妻子发脾气,结果把妻子打死了。他把车卖了,为妻子办好后事后又开始拉车。在小福子回来后,他逼迫她卖身养活一家人,天天找小福子要钱,然后又喝个烂醉。

孙侦探

书中的反派人物之一,是看着祥子"一落"然后又导致祥子"二落"的人。孙侦探在长时间的压榨之下丧失了对除亲人之外所有人的怜悯心与善良，用他拥有的那一点点权力，尽可能地压榨最底层的人民。

三起三落

书中，祥子一共经历了三起三落。

一起

祥子来到北平，有一个目标：拥有一辆属于自己的车。他开始勤勤恳恳努力拉车攒钱实现目标。辛辛苦苦努力了3年，祥子终于凑足了100元，买了一辆属于自己的车。

一落

有一次战乱，祥子连人带车被宪兵抓去当了壮丁，车也被搜刮走了，他的理想第一次破灭了。

二起

祥子费尽千辛万苦从那劳苦的地方逃出来，还顺手带走了3匹骆驼，一直走啊走啊，走到了一个小村庄，他在那里把骆驼卖了之后又开始拼命拉车，努力攒钱，想再买一辆属于他自己的车。

二落

干包月时，祥子遇到了孙侦探，而自己辛苦攒的钱也被孙侦探搜刮了去，第二次买车的希望随之破灭了。

三起

虎妞以低价给祥子买了邻居二强子的车，以此逼迫祥子和她结婚，祥子又有车了。

三落

虎妞是个大小姐，祥子与虎妞结婚后，本来可以有很好的生活，但因为刘四爷并不同意这门婚事，所以祥子又开始拼死拼活拉车赚钱。后来虎妞因为怀孕期间好吃懒做不运动，在生产的时候难产而亡，而他们的钱也被请来的神婆全部骗光了。为了置办虎妞的丧事，祥子无奈只好又把车卖了。

祥子在走投无路绝望之际想起来小福子，也清楚了自己对小福子的心意，祥子又重新拾起了对生活的一丝希望。他开始拼命寻找小福子,最后在一个妓院发现了小福子的踪迹,一问却又得知一个天大的噩耗——小福子不堪其辱上吊自杀了,甚至连尸身都没有留下。小福子的死成为压垮祥子的最后一根稻草,祥子彻底失去了对生活的希望,变成了一具真正的行尸走肉。

作者思想

这部小说的作者是大家都十分熟悉的老舍先生。老舍先生在这本书中表达了对旧社会底层人民深切的同情及对旧社会的批判。《骆驼祥子》的主题思想是:半殖民地、半封建的旧中国社会底层人民的劳苦和悲惨命运是共同的,人民生活穷苦,像祥子这样处于社会最底层的人民过得最为悲惨,也证明了在那时候底层人民想用劳动和奋斗去改变生活处境是根本行不通的。老舍先生在写这本书的时候用了大量细致的心理描写,这也是他刻画祥子的最重要手段。老舍先生针对祥子性格木讷这一特点,运用了心理描写、内心独白、第三人称叙述等手法,也通过景物描写和其他人的看法,立体多维地刻画了主人公祥子。

阅读体验和书中亮点

"骆驼"这个词并不是指普通的骆驼，而是祥子性格的一种释义，代表了老实、坚韧、健壮。祥子出生于农村，到了大城市之后选择当一名普通的人力车夫。职业普通，可他的理想并不普通，他一直想拥有一辆属于自己的车。于是他没日没夜地辛苦劳作，凭借自身能吃苦的好品质，终于在一年后如愿以偿。但是旧社会不可能让贫困出身又努力实现目标的主人公这么好过，于是不久，祥子的车就被士兵搜刮抢走了。但他并不灰心，带着3匹骆驼逃出来后，卖了骆驼又攒了些钱准备买车。可惜这么好的祥子实在是太倒霉了，反反复复3次，他所积攒的钱财都被洗劫一空，同时，祥子对生活所有美好的愿望也都被洗劫一空。他再也没有了对生活的希望，彻底成了一具无欲无求的行尸走肉。这部小说是一个彻头彻尾的悲剧，那么善良纯朴的祥子，最后终究是被封建的旧社会打败了，但是这也是旧社会的一个缩影，那时的底层人民无论怎么努力，都逃脱不了悲惨的命运，可叹又可怜。

这本书语言质朴，没有像有些小说那样用大量华丽的修饰词和描写，既方便了读者理解，又可以很轻松地引发读者对这本书的兴趣。

《骆驼祥子》这本书在艺术上取得了非常高的成就，以祥子为中心，在买车这一条主线上发展了"三起三落"，展现了当时社会底层人民的悲凉与被压榨的苦难生活。书中一件一件琐事被描述得非常生动，语言京味浓郁，富有地方特色。本书当之无愧地立于近现代经典作品之林。

精彩摘抄

雨下给富人，也下给穷人；下给义人，也下给不义的人。其实雨并不公道，因为下落在一个没有公道的世界。

他不愿再走，不愿再看，更不愿再陪着她；他真想一下子跳下去，头朝下，砸破了冰，沉下去，像个死鱼似的冻在冰里。

风吹弯了路旁的树木，撕碎了店户的布幌，揭净了墙上的报单，遮昏了太阳，唱着，叫着，吼着，回荡着；忽然直驰，像惊狂了的大精灵，扯天扯地地疾走；忽然慌乱，四面八方的乱卷，像不知怎样好而决定乱撞的恶魔；忽然横扫，乘其不备地袭击着地上的一切，扭断了树枝，吹掀了屋瓦，撞断了电线；可是，祥子在那里看着；他刚从风里出来，风并没能把他怎样了！

李嘉良读《小妇人》

李嘉良 就读于北京市海淀外国语藤飞学校，初二年级学生。喜欢骑马、画画、钢琴等。

李嘉良读《小妇人》

作者简介

《小妇人》的作者路易莎·梅·奥尔科特（Louisa May Alcott）1832年11月29日出生在美国宾夕法尼亚州的杰曼镇。她的父亲布郎逊·奥尔科特（Bronson Alcott）是一位有远大志向的哲学家，他沉浸于对志向的追求，导致维持生计的担子先后落在了他的妻子和女儿身上。作者路易莎曾做过护士，当过老师，还当过用人，生活条件十分贫苦。路易莎的父亲曾当过作家和教师，在父亲的熏陶下，她从小对文学创作产生了浓厚的兴趣。不论那时的生活条件如何，她都坚持文学创作，并且热爱文学创作。

即使家境贫穷，她依旧坚持写作，在15岁那年，路易莎完成了第一部情景剧的创作。21岁时，她开始了诗歌和小

李嘉良读《小妇人》

品的创作以及发表。

1868年，有位出版商提议她创作一部有关女孩子的书，她根据自己儿时的记忆，添加想象，完成了《小妇人》的创作。书中的许多人物及情节都为作者的亲身经历，作者将自己的故事融入了《小妇人》。书中酷爱写作的乔·马奇的原型就是作者本人，作者的姐妹安娜、亚碧、伊丽莎白则分别成为梅格、艾米、贝思。至于劳里，他的原型是作者1865年在欧洲陪贵妇人旅游时遇到的一位音乐家。令人出乎意料的是，《小妇人》打动了来自世界各地的读者，尤其是女性读者。《小妇人》所带来的不仅是对生活的不同见解，更是对女性的尊重及欣赏。在此之后，她又先后续写了《小绅士》和《乔的男孩们》。这两本塑造了绅士高雅的男生形象。勇气、诚实、友谊、责任……那些绅士品质在书中展现得淋漓尽致。作者在1873年又出版了自传《工作：一个经历的故事》，这本自传运用了小说的形式，情节多变，比普通的自传更有趣味。

作者路易莎凭借《小妇人》等书成名后，继续小说和故事的写作。在妇女选举运动和禁酒运动中，她常常贡献出自己的一分力量。在美国内战期间，她曾在华盛顿当过军队的救护人员。她在医护救治中患了伤寒，需要使用汞治疗，在治疗期间又汞中毒，这个病一直伴随着她的后半生。在她的父亲去世两天后，路易莎在波士顿因病去世，享年 55 岁。

时代背景及创作目的

作者路易莎·梅·奥尔科特曾说过："我要用自己的头脑做武器，在这艰难的世间开创出一条路来。"

名著《小妇人》的创作时期是 19 世纪初，美国当时有很大一部分人还有着传统的理念：男人养家赚钱，社会地位相对较高，生活可谓是自由无虑；然而女人都受陈旧观点的拘束，到了年龄就要嫁人，无法追求自己的生活。19 世纪 60 年代，美国社会发生了巨大的变化，妇女们开始摆脱传统理念的束缚，逐渐融入到社会主流里。在《小妇人》这本书中，作者用大胆而有远见的语言描绘故事中的人物，即使女性地位最初不被很多人看好，她仍勇于打破常人对女性的见解，为女性在当时的社会中争取权利。

这本书不仅展现了女性如何追求自由，还从侧面提到了不同阶级的人们之间的矛盾。当时资本主义处于上升期，各个阶层之间存在贫富差距及道德品质方面的问题。故事中 4 个女主角的家庭比较贫穷，家境清寒；相比之下，住得离女主家不远的贵族家庭又是那么的富有。即使两个家庭的贫富差距比较大,这也不妨碍他们融洽地相处。这两家人时常会一起出去玩,当有人生病时也会互相照顾,完全感觉不到不同阶级之间的鸿沟与矛盾。在人们的印象里,有钱人往往看不起那些贫穷的人;但在书中,即使女主人公的家境不是很理想,但也不影响爱她的富家子弟追求她。

《小妇人》打破了陈旧观念对女性的拘束,在女性地位越发提高的时代,为女权献出了自己的一分力量。

人物特点

《小妇人》的故事主要围绕4个姐妹展开,这4个女主角各有各的特点。有的追求上等社会,有的十分乖巧懂事又孝顺。不同的性格铸就了4位不同的人生。

首先是大姐梅格,她不屑于上流社会的虚伪。当她在有钱人家体验上流社会生活时,她感觉自己不属于那里。她即使拿出最好的衣服、打扮上最惊艳的妆容,还是够不上聚会的档次。聚会场面看似轻松愉快,实则梅格一直在努力迎合。有钱人看到的是她的美貌,是她的衣服,是她的外表,然而布鲁克所看到的是她的无奈和窘迫。在布鲁克面前,她不必装成高雅又富贵的少女，也不必压抑自己的本性。相比荣华富贵，这才是她想要的生活。她宁可多辛苦一点儿，多干一点儿家务，生活更艰辛一点儿，也不愿意在上流社会混。这种做法何尝不是一种解脱，我们没有必要为了所谓的虚荣感而活着，只要能让自己活得幸福，没什么选择是不正确的。这种观点放在现在也是值得欣赏的，现如今有太多的人为了混社会而包装自己，并没有活成自己想要的样子。反倒是放下身上的包袱，和所爱之人过上理想生活也是人生的不错选择。

乔是四姐妹中的二姐，作者把自己的故事及品质赋予了乔这个角色。著名英国作家 J.K. 罗琳（J.K.Rowling）说过："在读《小妇人》之前，我从未发现一个人与我如此相像，我就是乔·马奇。"乔有一个独立自强女人的形象，从小有当作家的梦想，长大后奔赴城市实现自己的作家梦。这和作者的人生经历十分相似，作者从小被父亲对文学的热爱所感染，开始了文学创作，即使中途历经失败，但依旧坚持，这才有了如今的《小妇人》。她不愿被婚姻束缚，相比于许多妇女自己做不出对人生的选择，乔就显得很强大。即使结婚后，她也承担着家庭的半边天，并作为作家继续发光发热。在那个时代，大多数家庭依旧是男性当家做主，女性为男性管家中杂事。乔这个角色映着当时的时代背景,在女性地位逐渐起步的时候,做了一个引导大众的方向标,引领大众平等看待男女地位,为女性权利贡献了一分力量。

贝思是四姐妹中的三姐,相比前两位女主的个性,她就没那么有特点。但是她十分乖巧懂事,在母亲去前线照顾父亲的时候,她承担起照顾姐妹们的任务,虽说她年龄较小,但是论本事可不小。

贝思还很善良,当破旧的布娃娃被姐妹们抛弃时,她会更加珍惜地去爱它们。在后来,贝思生了场大病,面临着死亡。要是常人,都会十分畏惧死亡,更何况一个女孩子。但是她却没有,她选择欣然接受。她认为死亡是一种与自然的融合,是一种崇高的荣誉。她身上体现出了女性在道德上的自强,在思想上的强大。

艾米是最小的妹妹,她的梦想是成为一名艺术家。她为此不懈努力,从小练习绘画,即使在过程中受到挫折与嘲笑,也丝毫不泄气。她相信自己的能力不逊于其他人,别人能做到的她也能做到。在艾米结婚后,她没有像传统家庭的妇女一样,在家里忙于家务,她选择继续在艺术道路上前进。她对贫苦人民特别有感情,这份感情使她投身慈善事业。

4位女主角都有自己的理想和理念,和传统女性不一样,她们都在向自己理想的生活前进。人的一生是否成功不能仅从财富或者社会地位等物质层面来判断，而应该从不同的方面去衡量。

名句赏析

我们要过的生活其实十分简单，简单的生活本身就是一种幸福。自制在这里并非等于失去自我，而更是一种自我的选择。

幸福是什么？幸福可以是与所爱之人共享余生，可以是独自走南闯北奋斗人生，也可以是富贵彷徨……从来没有人给予幸福一个准确的定义，我们没必要活成别人的样子，活成自己想要的样子何尝不是一种幸福？

你有很多天赋和优点，但不必摆出来展览，因为自大会把最优秀的天才毁掉。真正的才华或品行不怕被人长期忽视；即使真的无人看到，只要你知道自己拥有它，并妥善使用它，你就会感到心满意足。谦虚才能使人充满魅力。

每个人都有自己的长处，你的才华别人自然能观察到，不必自己展示。自己显摆才华的人，往往不被人们欣赏。因此，我们要谦虚做人，低调做事。

我希望我的女儿们美丽善良，多才多艺；受人爱慕，受人敬重；青春幸福，姻缘美满。愿上帝垂爱，使她们尽量无忧无虑，过一种愉快而有意义的生活。被一个好男人爱上并选为妻子是一个女人一生最大的幸福，我热切希望我的姑娘们可以体会到这种美丽的经历。考虑这种事情是很自然的事，梅格，期望和等待也是对的，而明智之举是做好准备，这样，当幸福时刻到来时，你才会觉得自己已准备好承担责任，无愧于这种幸福。我的好女儿，我对你们寄予厚望，但并不是要你们急冲乱撞——仅仅因为有钱人豪门华宅，出手阔绰，便嫁给他们。这些豪宅并不是家，因为里头没有爱情。金钱是必要而且宝贵的东西——如果用之有道，还是一种高贵的东西——但我决不希望你们把它看作是首要的东西或唯一的奋斗目标。我宁愿你们成为拥有爱情、幸福美满的穷人家的妻子，也不愿你们做没有自尊、没有安宁的皇后。

这段话体现出家长对自己的孩子们最真诚的期愿，自己的孩子不一定要出人头地、富贵荣华，但是要活在一个自己喜欢的环境中。相比于没有爱情的豪门华宅，幸福美满的穷人家是更好的选择。

财富的确是人们非常渴望的，然而贫穷也有它光明的一面。逆境的好处之一是人们能从自己艰苦卓绝的奋斗中感到真正的愉快。我们存在于世间的智慧、美丽与能力，有一半得之于困境的激励。

在如今的社会中，缺少财富的确会影响生活质量，但是在这种贫穷的环境中，往往能磨炼出许多富人家孩子没有的品质。在困境中奋斗，我们会受到这种环境的激励。

别着急，善良的人！守得云开见月明。

为人善良、待人宽厚的人会赢得别人的喜爱和尊重。这样做可能一时看不到回报，但是在以后当你需要帮忙的时候就会发现，大家都愿意帮助你。

当你凝望我的时候,我心不在焉,当我奔向你的时候,你已经无影无踪了。我们总是在一次次错过时,失去了很多。不过,我想说这是因为我们还年轻。不,或许这就是我们的人生。从那以后,我总会回头望望来时的路。

人生正是如此,在机会来临时把握不住,没机会后又后悔莫及,这就铸造了我们不同的人生。珍惜当下,做好每一个关键的选择,不给自己留下遗憾才是我们应该做的。随着一件又一件事情的磨炼,我们会变得更成熟,也会成长许多。

我们离开人世时爱是唯一能带走的东西,它使生命的结束变得轻松。

一生中最重要的东西,无非就是人与人之间的爱意。家庭成员之间的爱,师生朋友之间的关爱,男女之间的爱情……当我们离开人世时,能带走的无非只有这些暖流。

时间可以吞噬一切,但它丝毫不能减少的是你伟大的思想,你的幽默,你的善良,还有你的勇气。

随着时间的消逝,我们身上的许多事情都在不断地变化,但唯有那存在内心深处的品质不变。

女孩们叹息什么时候能拥有漂亮的东西时,贝思说:

"起码我们有爸爸、妈妈和彼此。"

当你在羡慕别人有漂亮的鞋子时,有人还在羡慕你有脚。事实正是如此,当我们羡慕别人时,或许有人也在羡慕你。我们应该珍惜当下,享受我们所拥有的环境并奋力向上奋斗。我们的家人永远是我们最坚强的后盾,不论我们遇到了怎样的事,他们永远都会支持我们。

我要以自己的头脑作武器,在这艰难的尘世中闯出一条路来。

这句话既是四姐妹中二姐乔所说过的话,也是作者路易莎·梅·奥尔科特心中所愿。作者想用自己清晰的头脑去创作文章,与封建社会的不公平作斗争。如果我们所生活的环境存在许多问题,我们要有辨别力,去勇于提出并改变这种现状,用自己的一分力量去呼吁更多的人。

张可馨读《镜花缘》

张可馨 就读于北京市海淀外国语藤飞学校。喜欢各种体育活动，也喜欢读书，常常在课余时间和同学们一起讨论，一起思考，一起进步。

张可馨读《镜花缘》

《镜花缘》这本著作诞生于清代。在那个腐朽不堪、新旧更迭的时代，在那种社会动荡变革的困境之下，它带着李汝珍老先生对盛唐的怀念，流传至今。

李汝珍（约1763—1830年），字松石，号松石道人，直隶大兴（今属北京市）人，人称"北平子"。清代文学家，代表作是《镜花缘》。

这部长篇章回体小说前半部分讲述了唐敖、多九公等人乘船在海外游历时，在女儿国、小人国、毛民国等地所经历的荒诞不经的事件；后半部分则描绘了百花仙子托生为唐小山，其他各花仙子托生为一百位才女，她们在武则天选才女的科举考试中高中，并在朝中有所作为的故事。这本小说以天马行空的想象、风趣诙谐的语言和浪漫夸张的手法营造了一个千奇百怪的世界。

张可馨读《镜花缘》

小说开端，百花仙子在王母娘娘的寿筵上与嫦娥仙子发生口角，并对其立誓，若自己有一天放任百花在不应开放的时节违令齐放，情愿堕落红尘，受孽海无边之苦，永无翻悔。后来，心月狐奉诏下凡，转生为武家女儿——就是后来的女皇武则天。心月狐下凡前受嫦娥怂恿，想着某日定要令百花齐放，彰显威名。

武则天废唐改周。在大雪严寒的残冬，武则天醉酒，看着枯败的花园，写下诏书，命百花齐放。此时百花仙子恰好不在洞府，花神们不敢违抗圣旨，只得在冬天开放了花，因此违犯天条，最终被劾为"逞艳于非时之候，献媚于世主之前，致令时序颠倒"，于是百花仙子与99位花神被罚下凡，托生为100名女子。百花仙子降生于秀才唐敖家，是为唐敖之女唐小山。唐敖赶考，幸中探花，却被人陷害，革去功名，降为秀才。他心中郁闷，名心顿淡，乃欲作海外之游。他随妻兄林之洋出海经商、游历，过程中，经过众多国家，见识了各种各样与现实世界大相径庭的人和事。李汝珍老先生也是煞费苦心，用浪漫夸张的手法，将每个国家的人描写得淋漓尽致：众多不同的人物，众多奇特的外貌和变态的心理，让人产生"看似异域各不同，怎知不同在人间"的感受。

君子国之"君子"看似褒义,实则贬义,此国不同于我们的认知,我们认为商品都是越便宜越好,可到了君子国,却演变成嫌东西买得便宜、买贱了。虽然以礼待人是好习惯,但若整个国家的国民人人互谦、个个礼让,这种互谦礼让就成了一种虚伪、自私的道貌岸然。由此可见,所谓的君子,是假君子真小人罢了!

女儿国中的"女儿"也并非是真正意义上的"女儿"——此国两性的地位与现实世界截然相反,男儿作为妇人操持家事,女儿则像现实世界的男人以治外事。这一国仍是"男"尊"女"卑,又何尝是男女平等呢?《镜花缘》以"女儿国经历"为故事情节,其意义在于:讽喻了现实中的男女地位之巨大差异,个中理论与某些男人总说的"女性的地位已经够高了"的谬论不谋而合——倘若男女真的互换了地位,这些男人反而又觉得荒谬。

"内卷"是现代的常用词语,反映了人争强好胜的本性,若一国人民都如此,又会是什么样子?智佳国便是如此,那里的人们无一不精,却彼此争强好胜,最终落得人人不到30岁,已是鬓角斑白,心血耗尽。

"光明正大,足下自现彩云""奸私暗昧,足下自生黑云"。如此之奇妙的国家便是大人国,那里的人们身高超过常人,脚下皆有云雾护足。街头巷尾，有人阔步流星，有人左顾右盼，有人低眉顺眼，有人唯唯诺诺，因此，这种"大"为大人国的某些官员遮住了见不得人的云彩。

有大人国就必定有小人国。小人国的人们就是现实中典型的小人。"君子坦荡荡，小人长戚戚"，他们爱说反话，戒备心理超强。小人们因身高不足一米，常三五成群地出门，唯恐被大鸟伤害，尽管如此，却不愿相信他人，这样的"三五成群"，戒备和恐惧也就没有什么必要了。

读了伯虑国的故事，也就明白杞人忧天的含义了。睡觉的时候，是人们最无须忧虑的时候，但是伯虑国的人们却最怕睡觉，因他们唯恐自己一睡不起，惶惶不可终日，所以他们每日仅有短暂的休息。严重的睡眠不足导致人们终年昏昏沉沉，过着浑浑噩噩毫无快乐可言的日子。既然如此，我认为还是不活为好。

撒谎者转世后都去到一个相同的地方，久而久之就形成了豕喙国，那里的人们都长着一张猪嘴，他们转世前爱撒谎，转世后更是撒谎成性，出口成章，只要一张嘴，就没有一句话是真的。李汝珍先生对此国的描述也是极尽讽刺挖苦之能事。

犬封国，顾名思义，那里的人生来就长着狗头，也正如狗一样,他们仿佛就是为吃而生的,整日就想着如何可以吃得更好,也正因为如此,整个国家弥漫着贪吃懒惰的风气。国民们长着人的身躯,却干着狗所干的事情。作者借"犬"讽刺那些好吃懒做、贪婪无度的人。

最奇葩的大概就是无肠国吧!国人无肠,食物只要在腹中一过就饱。那里的富贵人家之所以富,就是靠"循环利用"之法,主人的排泄物可以给奴仆再食,其变态程度简直是不堪设想。在现实社会中,某些权贵为富不仁、刻薄成性,他们的富贵过程何尝不是如此呢?

常说有的人两面三刀,正如两面国人,他们都长着两张脸,一张在前,善良和善,一张在后,阴险凶恶。两面国人常把和善、微笑的脸露出,作为正脸,而把凶恶的脸放在脑后遮着。两面国人称得上阴险狡诈,他们正面似乎对你笑嘻嘻的,头一扭,其实是一张恶脸。

总而言之,《镜花缘》就是一部"荒谬世界之绝唱,现实世界之辣讽"。

品读完《镜花缘》之后,我不禁想起另外一部西方巨作《十日谈》。《十日谈》是意大利作家乔万尼·薄伽丘(Giovanni Boccaccio)于1350—1353年创作的一部短篇小说集。

该作品的故事发生在1348年,彼时意大利的佛罗伦萨正流行瘟疫，有 10 名男女来到一所乡村别墅中避难。他们共住了 10 天，每人每天讲一个故事，于是 10 天下来一共讲了 100 个故事。这些故事揭露和批判了当时社会的黑暗和罪恶，声讨了封建贵族的腐败与堕落，谴责禁欲主义，并赞扬了爱情。人文主义思想在这部作品中被充分体现。

《十日谈》之经典，使意大利近代评论家桑克提斯（de Sanctis）把它与但丁（Dante）的《神曲》并列，称为"人曲"。

《镜花缘》与《十日谈》看似相差约 300 年的时光，但 300 年在历史长河之中，不过一瞬而已，我想继续去探究，为什么在一个大历史背景下，东西方几乎同时出现了相似的两部历史巨作。经过研究分析，我认为是因为大航海时代的开始。大航海时代，欧洲人越过了好望角，发现了新大陆，麦哲伦最终完成了环游世界的伟大航行，而我国的航海家郑和先后 7 次下西洋，巡视天朝海疆，积极发展朝贡贸易。可以说当时发生的一切源于资本主义的萌芽和封建社会的衰落。就在此时，东西方文明走向了不同的发展方向。西方社会通过大航海不断地攫取资源，创造利润，发展生产力，一跃成为发达国家；而东方社会故步自封，一度迁界禁海，使我们失去了拥抱大洋的历史机遇，由此我国封建王权发展到了顶峰，但也为我们近现代的悲壮历史埋下了伏笔。《镜花缘》作者以君子国寄托其社会理想，否定了封建官场的专制、腐败，批判了现实社会中盛行的钩心斗角、贪污腐败等行为，又以辛辣尖锐而不失幽默的语言，讥讽了那些表里不一的假儒生。

《镜花缘》中除了对社会各种不良现象的讽刺，其余大量笔墨都在描述封建社会是如何压迫、压榨女性的——在长期男尊女卑的思想下，女性服从男性成了一种自然。小说中描述女性角色上百人，但几乎无一例外，这百位女性角色都要求在个人发展方面与男性同权。下面我举例说明。女子作为封建社会的底层，长期受父权、夫权压迫，被迫禁足家中不能出门，讲究三从四德，听从男性，但是小说以中国唯一女皇武则天执政时代为背景，讲述了女儿国的故事，其本质就是支持女子参政，肯定女子政治权利行为。比如，小说中女性人物姚芷馨，她流落巫咸国后，凭借养蚕能力，在当地开办织布坊，成为一家人的支柱。这也体现了女性的独立人格和经济地位。再比如黑齿国，每相隔十余年，国母即有观风盛典，凡是能文女子，皆准复试。这体现了对女子思想地位的认可。以唐小山为代表的女性勇于追求男女地位的平等，通过自己的聪明才智获得人们的尊重。

《镜花缘》将女性摆在了和男性等同的地位上，这种性别观念在当时的社会是具有进步意义的，对当时男女关系问题的分析起到了重要的影响。《镜花缘》是我国文学名著中极少数支持女权、呼吁解放女性的代表作品，其诞生的背景是，明朝中后期，我国社会萌发了资本主义，需要更多的生产力，以发展经济。但是封建统治者为了维护皇权统治，并没有及时对社会生产力进行解放，也并没有引领社会思潮的方向，其最终结果就是"皇权赴黄泉"，因为历史巨轮滚滚向前，从不为统治阶级利益而妥协，任何不符合历史选择的选择，或自认为是历史选择的选择，终究是错误的。做事还是要实事求是，尊重客观规律，不然，也许一时行得通，但终究不会一世都行得通。

研读至此，我心中升起了一个巨大的疑问，那就是作者李汝珍是何人呢？因为李汝珍并未在仕途上有所建树，所以我在历史文献中查不到太多关于他的记载。但是我想，从已有信息中还是能推测出一些关键词的。

第一，李汝珍学识渊博，但是不屑于八股文章。我们知道古代八股取士，李汝珍能写出《镜花缘》这样的奇书，必定才华横溢、学识渊博，但是没有考中功名，所以大概是不屑于八股文。

第二，李汝珍应该是一个浪漫主义文人。怎么讲呢？他精通音律，著有《李氏音鉴》，爱好音律又能写出极富浪漫主义色彩和想象力的《镜花缘》，说明他是一个浪漫主义者。

第三，他是一个地理爱好者。虽然李汝珍创作的《镜花缘》中各国各地大部分均为想象，但是想象的基础是现实，所以我认为李汝珍对疆域沿革是有其研究和理解的。

第四，李汝珍是一个对改革创新和历史潮流有所思考的思想者，因为他在封建皇权对社会思想的重重围堵压迫下，还能对社会有如此深刻的认知，证明他是一个有思想的人。

第五，据史料记载，李汝珍一生耿直，不阿权贵，不善钻营。

有以上 5 点支撑，我们对《镜花缘》的作者李汝珍就有了一个大概的了解——学识渊博，不屑八股，刚正不阿，敢于创新，热爱地理，是个对社会有深刻思考的浪漫主义作家、思想家。所以李汝珍能创作出具有历史前瞻性的《镜花缘》，我们也就不感到意外了。

了解了《镜花缘》整部作品创作的历史背景，了解了《镜花缘》整部书讲述的内容和核心思想，了解了《镜花缘》的作者李汝珍是一个怎样的人，我不禁对其产生了巨大的敬仰之心，我们应当敬仰其先觉精神。"先觉"两个字，说说容易，做起来极其艰难。20 世纪二三十年代，可以说是我国文学文化又一个璀璨的巅峰，而在这巅峰之上有两位文学巨人，分别是胡适先生和鲁迅先生，恰巧两位先生都对《镜花缘》这部魔幻现实主义巨作进行了评价。

胡适先生曾对《红楼梦》《水浒传》《三国演义》《西游记》等多部中国古代文学经典进行了大量研究，取得了非凡的成绩。今天关于这些古典名著的基本观点，大多是当时胡适先生及其同时期研究者建立的。如今回头看，那真是个精神和意识形态发生巨大变革的时代，风起云涌，震撼人心。

胡适先生曾经预言《镜花缘》"将来一定要成为世界女权史上的一篇永垂不朽的大文；……将来一定要在中国女权史上占一个很光荣的位置"，但这部著作并未能引起相应的关注；胡适先生花数月完成、下大功夫、自认为见解独到的论文《〈镜花缘〉的引论》，也未被广泛讨论与传播。这大概是连胡适都未能料到的，因为在这篇文章的最后，胡适写下预言："也许我和今日的读者还可以看见这一日的实现。"

据胡适先生考证，李汝珍创作《镜花缘》的时间大约在1810年至1825年，也就是清嘉庆、道光年间。在这一历史时期，某些思想先进的知识分子虽感觉到了思想的压迫和制度的黑暗，却仍然少有人较为全面地提出妇女问题，而李汝珍却对这些问题加以深刻解剖，并开出"药方"。胡适先生正是看重和推崇这一点。胡适先生在文章中不吝赞美之词，对李汝珍及其作品给出了极高的评价：

"三千年的历史上，没有一个人曾大胆地提出妇女问题的各个方面来作公平的讨论。直到十九世纪的初年，才出了这个多才多艺的李汝珍，费了十几年的精力来提出这个极重大的问题。他把这个问题的各个方面都大胆的提出，虚心的讨论，审慎的建议。他的女儿国一大段，将来一定要成为世界女权史上的一篇永垂不朽的大文；他对于女子贞操，女子教育，女子选举等问题的见解，将来一定要在中国女权史上占一个很光荣的位置。"

当时，才从美国回来不久的胡适因为大力推动"文学革命"，已名声大噪。因此，他相信，《镜花缘》所提出的女性问题会因自己的发声而在社会上引发强烈反响，所以他在文章结尾部分自信地写道："这是我对《镜花缘》的预言。也许我和今日的读者还可以看见这一日的实现。"这里要"实现"的，就是胡适前文所写的结论："他（李汝珍）的女儿国一大段，将来一定要成为世界女权史上的一篇永垂不朽的大文；他对于女子贞操，女子教育，女子选举等问题的见解，将来一定要在中国女权史上占一个很光荣的位置。"今天，能充分认识到《镜花缘》这部古典小说女性主义价值的读者也并不多，从这个角度切入去研究《镜花缘》的学者更是凤毛麟角。这反而更凸显出《镜花缘》作者李汝珍的思想之先进，以及胡适先生对于古典文学作品的眼光之独到。

那么另外一位文学巨匠鲁迅先生又是怎么评价《镜花缘》这部奇书的呢？在《中国小说史略》中，鲁迅先生用"以小说见才学者"形容这本书，把它分在了一个很特殊的类别，并且评价《镜花缘》是"学术之汇流，文艺之列肆"。大体来看，鲁迅先生还是肯定了《镜花缘》这部书的成就，但与此同时，鲁迅先生也讲明了《镜花缘》为什么是中国古代二流文学名著，而非一流，因为此书"论学说艺，数典谈经，连篇累牍而不能自已矣"。就是说，《镜花缘》作者为了展现才女们多才多艺的特点，便让她们接连谈论经书、历史、音韵、文艺，以致这些知识学问在书中被过度堆砌，成为弊端。其中有些知识的讲解，使人觉得作者只是在借人物之口卖弄自己的学问，这样的文字冗长而枯燥，缺乏趣味，看得人直打哈欠。但这也并不只是本书存在的问题，而是不少古代小说的通病。鲁迅先生这么说，旨在批评作者在该书后半部过于偏重知识的炫耀，而不重视刻画人物和剧情。

就我而言，《镜花缘》是一部古代文学经典，其以魔幻现实主义文风，揭露当时社会问题，对今人研究当时历史背景有不可磨灭的贡献，尤其是作者在当时大环境下，为千百年受压迫的中国女性发出呐喊的先觉精神更是值得我们钦佩。但是人无完人，《镜花缘》后半部也的确犯了古代文人小说的通病，所以不能位列一流。中华文化源远流长，博大精深，我想我们对于任何一部作品，都应该抱着"取其精华，去其糟粕"的心态去学习和阅读，这样我们才能不断进步。

李生逸读《城南旧事》

李生逸 15 岁,就读于北京市海淀外国语藤飞学校。爱好马术,喜欢动物,喜欢听音乐。

李生逸读《城南旧事》

《城南旧事》顾名思义就是发生在城南的老事儿,而这城就是北京——那时还叫北平。

在儿时我从不记事,可英子(本书主人公)不一样,她机灵,聪明,有时呆呆的,有时却也无所畏惧,大概是初生牛犊不怕虎吧!

本书有些像《朝花夕拾》,它们的作者也有些相似,鲁迅曾就读于日本,而林海音(本书作者)出生于日本,在3岁时回到故乡台湾地区,5岁时又搬到了北京城南,这书便就此诞生了!林海音在北京结婚生子,住了几十年又回到台湾地区,北京也能算她的半个老家了。

本书的视角是个小孩,所以不管你是大人还是孩子,这都会使你眼前一亮。大的章节就5个,按顺序依次是《惠安馆》《我们看海去》《兰姨娘》《驴打滚儿》与《爸爸的花儿落了,我也不再是小孩子》。这5章中任何一章都充满童真,可在童年的乐趣中也充满了悲伤与送别,正如最后一章中孩子们唱的《送别》。

《惠安馆》评析——小桂子与"疯子"

英子搬来北京后,住在城南的胡同,胡同里有个惠安馆,相当于一个青年旅舍,大学生来北京上学就住这儿,可惠安馆有个"疯子"叫秀贞,她总发呆,自说自话,还时哭时笑,胡同里的人都不待见她,就连她的父母也嫌弃她,但英子很特殊,她是个小孩,还不是本地人,慢慢地就走进了秀贞的内心。

英子在胡同里还有个玩伴叫妞儿,是个孤儿,是父母捡来的,她的父亲教妞儿吊嗓子靠她挣钱,一不听话,父亲就打她,母亲就骂她是个累赘。

两个人都可以称作是英子的朋友,小朋友陪她玩,大朋友可以教她很多东西,像个姐姐。

孩子不会想太多,甚至没有自我判断的能力,可英子不同,很机灵。她虽然分不清海和天,但她的本能告诉她秀贞不坏,不疯,她有苦衷。英子觉得她的两个朋友很像,因为自己总看花眼，好似秀贞就是妞儿，妞儿就是秀贞，她们都有泪痣，都很漂亮！

英子在西厢房养了一箱小油鸡，喂它们什么呢？当然是惠安馆树上的吊死鬼儿了！白给的还不要？因此，原本只能随宋妈买菜时钻空子串串惠安馆的英子，现在可以以喂油鸡之名光明正大地去找秀贞。就是吊死鬼儿在瓶中拿着硌硬，不过可以每天来见秀贞。

秀贞不像疯子，倒像个邻家姐姐，与英子想的不一样。在不断的相处中，英子找到了她疯的原因，是孩子没了，丈夫也没了，怪不得疯呢！秀贞的孩子叫小桂子，脖子上有青记，英子还送了小桂子一块手表，并答应要帮她找小桂子。

在一次约定中，妞儿没有赴约，过了几天她来西厢房找英子，带着一身伤，她是哭着的，妞儿爸打她了，在这时英子注意到一块记，和小桂子一样。于是英子便约定带她去找她亲妈。

可在这时英子发烧了……

外面下着雨，妞儿等着，英子强撑身体赴约，来到惠安馆，母子相见激动万分，于是就要走，英子把妈妈的金首饰给了秀贞，她也不说声谢。英子感到头发昏，挺不住晕倒了，醒来时秀贞与小桂子已经不见了。像梦一样，但这不是梦。秀贞与妞儿那天雨夜被火车撞死了。但这只是一系列分别的开始。

《我们看海去》评析——天和海该怎么分清呢

迷迷糊糊，英子醒了。一切都像梦，尤其是多了雨的衬托，显得更加朦胧。一家人坐上车去新住处，开启新生活，本书也开启了新篇章。

新家在新帘子胡同。这名字就挺新的，英子妈妈还说新帘子胡同像个汤匙，现在的家就在汤匙底部。妈妈总是提起那疯子，但只有英子知道她不是疯子，是秀贞啊！但英子自己也不太清楚，那究竟是真实的还是梦呢？太麻烦了！就像英子同样分不清海和天。

新家多了些吵闹。男孩们总喜欢在家旁踢球，被教训后就去隔壁的"鬼屋"，他们将球踢到墙上再弹回来，可失误总会有的。一次，他们将球踢进了草丛里，那草高得很，于是叫英子去捡。英子不想被看不起，就去捡球了，但球没找到，却发现一个铜盘子和漂亮的丝绸衣服。英子有些心慌，她将物品恢复原状就返回了。

英子并没有放弃，又一天，她再次来到草丛，找着找着,突然她的面前蹲着一个男人。

男人也没想到一个小女孩会来这里,男人不解地问英子为何而来,英子说是找球。球?说着男人将球拿了出来,英子也不多说,拿了球就要走,男人却叫住了她,这人浓眉大眼看着很稳重,他询问英子在哪儿上学,多大了,在得到答复后很喜悦,接着就是夸奖。终于他说完了,在离开前他叮嘱不要泄露在这儿的事。

学校要办游园会了,英子就演一只麻雀。无论何事都需要多练,英子在放学后晚回家一些时间,她回家后在门口又看到了那个男人,他挑了个担子,英子跟了上去,男人显然没料到英子会再来,既欣喜又心酸,看到英子又想起自己的弟弟,他抱怨自己的无能,同样他也有分不清的东西——自己是好人还是坏人,他问英子自己是好人还是坏人,英子摇摇头说男人不是坏人,这话被英子说出轻如鸿毛,但这似乎深深触动了他,他的眼泪流了下来,英子不明白,于是就背起《我们看海去》,男人也听着,两人就有了一个约定,去看海!

很快游园会开始了,那男人也去了,演完后那人就夸英子这小麻雀演得好,英子很开心,那男人也很开心。

天很热,天又下雨了,男人依旧在草里,英子走过去,男人问有没有动过这包袱，英子如实回答没动过，男人给了英子一个小象牙佛珠，与她说千万记住自己不是坏人。

今天这胡同格外热闹，不仅有邻居，还有警察，人们说是抓到贼了，还多亏了个小女孩，英子看着被押送的贼人，心里很不是滋味，这人是好是坏呢？不知道。这天和海怎么分清呢？也不知道，去看了海才能知道。

《兰姨娘》评析——被可怜人打破平静生活

兰姨娘是个可怜人，她之前的生活是最可悲的也是最现实的，她三岁就被卖给别人了，十四岁又逃回了北京，但又被迫嫁给一个老头子，她受尽折磨，可在英子心里她是那么阳光开朗，事实也是这样——她很开朗很活泼，尽管受尽磨难！

兰姨娘来到英子家，但不是串门的，而是来找庇护的，英子家很乐意帮助她，帮她截住了她家人的寻找。兰姨娘心灵手巧，脸生得也是俏美，她很幽默，还镶了一颗金牙，一笑就会将那金牙露出来，一闪一闪的。

英子其实很开心有人陪她玩了！英子还喜欢兰姨娘的一点就是她手很巧，她为英子做了西瓜灯，让英子很得意。她们经常坐黄包车，还总是让英子坐里面。

平静生活是极易被打破的。英子爸爸对兰姨娘有爱意，给她挑布料要最好的，总找机会想对兰姨娘下手，父亲与兰姨娘的关系使英子的危机感瞬间上升，她哭了，可最使她意外的是第一个安慰她的是兰姨娘！

即使兰姨娘很好，英子也始终在寻找机会彻底分开这两人。这一天机会来了，一个学生来了，他戴着眼镜，大人们叫他德先。英子人小鬼精，知道德先有学问，便借着书本做两人间的传话人，传递两人的话，也传递两人的爱。很快在这种沟通下，德先与兰姨娘滋生了爱意。

自从这之后兰姨娘只顾着读书了，与英子的交流都少了，英子父亲也断了念想，很快德先和兰姨娘就不悄悄地沟通了，两人的关系快速升温，没预兆地就说要走了，这是形式所迫的。

又是结束，又是分离！

《驴打滚儿》评析——好吃的小吃，打滚的驴

宋妈是英子家的奶妈，家里的事务都交给她打理，家里所有孩子都是她带起来的，然而宋妈也有自己的孩子丫头子和小栓子，在英子家总是不方便，不能常回家，孩子只有丈

夫黄板儿牙照顾。黄板儿牙总是带着一头驴。黄板儿牙不常来，每次来也只是为了拿宋妈工资的。

宋妈不能回家，思念日益增长，小栓子和丫头子总是出现在宋妈的口中，英子家的所有孩子都对这宋妈的孩子们很感兴趣，宋妈总是说如果她的孩子来可要多帮帮他们，还问如果她的孩子与英子上一所学校，英子愿不愿意，英子当然是愿意的。

宋妈在英子家待得久了，渐渐地，英子家离不开她。她还是让弟弟喝药的"大杀器"，弟弟不愿喝药，妈妈就骗他说宋妈要离开，不在家待了，这方法百试百灵，每当这么说，弟弟多不愿意也是会喝下去的，可见宋妈对英子家来说有多重要。

今年那黄板儿牙又来了，手牵着那驴子，宋妈很不愿意见她的丈夫，她问孩子在哪儿，黄板儿牙说是去大妈家了。

那驴很讨厌，将父亲的花糟践了，叫声也很难听。

英子从家出去后，一回来就看见宋妈悲伤地哭泣，那小栓子死了一两年了，是谁也不能承受这种痛苦。孩子没了，宋妈也没了挂念，就不想回去了，但英子却并不开心。

那驴叫小蹄子，翻滚着，踹倒了花盆，花也踩了，那驴依然打着滚。

宋妈的丫头子被卖了，于是宋妈带着英子去哈德门找。这里人很多，小吃贩子也很多，英子想吃一个小吃，那小吃叫驴打滚儿，宋妈掏钱给英子买了一个。

玩也玩够了，吃也吃饱了，但依然没线索。她们空手而归，谁都开心不起来。

大清早，宋妈要走了，英子去找她梳辫子，宋妈一反常态地温柔。梳完了，她也该走了。天下着雪，驴翻滚着起来了，黄板儿牙和宋妈骑在驴上，离开了！

《爸爸的花儿落了，我也不再是小孩子》评析
——与父亲的道别

人在儿时总想着长大，它很遥远，很缥缈，但在无意中我们可能已经到达了小时候所向往的地方。英子不知不觉已经6年级了，马上就是毕业典礼了，但有人长大了，也有人老了，病了。英子的父亲病倒了，虽然要毕业了，但英子总去看望父亲。有一天，英子问父亲能否下床，父亲并未给予回复。但这让英子回想起开学典礼的时候，父亲就在台下看着，这给了小小的英子很大的信心。

英子父亲很喜欢花，妈妈也正巧生了7个孩子，5个都

是女孩。

两人依旧待在病房里。父亲乏了，英子也要走了，走之前父亲再三叮嘱，明天一定不要赖床，别起晚了，这毕业典礼对英子很重要。

清早，英子听爸爸的没起晚，家里孩子很多，宋妈走了，母亲很操劳。英子很早到了学校，钟声响了，毕业典礼开始了，她抬头看着太阳，父亲的病何时才能好呢？

分别又要来了啊！送别这首歌的声音渐渐响起："长亭外，古道边，芳草碧连天……"这声音激起了一个个即将毕业的学生的离别之心，所有人都哭了，英子也不例外。他们长大了，不再是小孩子了。英子哭着，又想起宋妈临走时的叮嘱："英子，你长大了，别老和弟弟拌嘴了！还有……"是啊，英子已经长大了，兰姨娘与那男人在和英子分离时也叮嘱了很多话。这一个个分别都将英子慢慢地推向更成熟的那个她，但他们都与英子的童年一起去了。父亲也推了英子一把，他将钱交给英子去寄，让英子去闯练。

英子很害怕，但应下了，她飞快地跑着，将钱送到了，她闯过去了。送完钱她猛着劲儿跑回家，手里拿着小学毕业的文凭。回到家看见弟弟妹妹在玩耍，又看到旁边的石榴树，那树全谢了，石榴也掉了，本以为是淘气的孩子弄的，可这树是自己败的,还来不及想什么,家里的厨子就让英子赶快去医院。

英子乘着车,赶去医院,车很快,在走之前,英子又看见那棵石榴树,默念着:"爸爸的花儿落了,我也不再是小孩子。"

金琳昕读《狼王梦》

金琳昕 就读于北京市海淀外国语藤飞学校。爱好广泛，喜欢音乐、马术、萨克斯和网球。性格开朗，敢于面对困难。

金琳昕读《狼王梦》

在茫茫书海中,有各式各样的书能够任我选择:有叙事小说、历史故事、科幻小说等。但从小,我就对有关动物的书情有独钟,妈妈还为此在网上搜集过很多有关写动物的书的资料。无意间我发现一位名叫沈石溪的作者写过一系列动物小说,这激起了我阅读的兴趣,也让我有幸读到了《狼王梦》这本书。本以为这本书只会是我在小时候消遣时看的一本书,没想到现在却成了我阅读的众多书籍中,印象最深刻的一本。

主要剧情

这本书的主角是一匹叫紫岚的母狼,她因丈夫黑桑即将成为狼王时被野猪杀死,便有了一个伟大的梦想——希望把自己和黑桑的后代培养成优秀的狼王。可现实永远是最残酷的，她生下的一只小公狼因受不了严寒而离去。后来，在培养老大黑仔时，紫岚只考虑他的感受，处处以他为先，常常会忽视其他狼崽的需求，导致最小的小公狼双毛变得十分自卑。当黑仔被老鹰吃掉后，紫岚又开始培养第二只小公狼蓝魂儿，希望他能替自己完成狼王的夙愿，可蓝魂儿在外出时不幸送命于捕兽夹。两只小公狼相继离去，紫岚万般无奈，只好把培养目标放在最小的儿子双毛身上。为了让他改掉自卑的性格，让他具备成为狼王的品质，紫岚不惜虐待双毛。但就在双毛离登上狼王的宝座只有一步之遥时，他骨子里的自卑和内心深处的胆怯却让自己丢了性命，败于他狼脚下。

而紫岚没有因此放弃自己的狼王梦，她将希望寄托在四女儿媚媚的狼崽——自己的狼孙身上。为了实现自己的梦想，为了狼孙能够活下去，紫岚用自己的生命守护他们，与金雕同归于尽。哪怕最终狼孙们真的成为狼王，紫岚也看不到了。

反观自己

这本书看似是在写动物的世界，其实是在映射人类世界。《狼王梦》的主角紫岚像极了现在许多望子成龙、望女成凤的父母。书中的动物世界就是我们现如今的社会，不管你多么优秀，也一样要经历社会的残酷。而最终的结局是什么，我们犹未可知。

可能在狼群中还有很多像紫岚一样的父母，他们想将自己的孩子培养成优秀的狼王，却没有问过自己的子女是否真的愿意这样做。在现实生活中，我也常常遇见那些急于求成、揠苗助长的家长。他们为了让自己的孩子更加优秀，不断地给孩子报补习班、兴趣班，不惜一切代价尽己所能请最好的老师，他们宁愿自己受苦，也会把最好的给孩子。不可否认，他们的奉献是很伟大的，但他们却始终没有考虑到孩子的感受。这种高强度的管制、学习可能会让孩子们感到十分不适，甚至可能会适得其反，让他们讨厌学习，甚至让他们对家长叛逆。要说这些家长不爱孩子，那是不可能的，只不过他们爱孩子的方式可能真的不是那么恰当。

而作为孩子的我们纵使不能接受父母对我们的教育方式，也要尽可能不与他们起争执。如果遇到家长所要求的是我们不太能接受的，孩子们可以静下心与家长们进行商议，听听他们的看法。说不定在沟通的过程中我们能够有新的解决方案，并且还可以减少家庭中的矛盾。

改变看法

小时候看这本书之前,我一直觉得狼是不太善良、冷血、残忍的动物。直到看完《狼王梦》后,我改变了对狼这种动物的看法。这本书让我感觉到,其实不管是狼,还是其他的动物,都和人一样,是有情感、有爱、有梦想的。

这本书中,紫岚的精神世界是由生命、梦想和爱构成的。她对孩子严格的管教也许会让我们觉得她十分残忍,但却也让我懂了家长对孩子的爱也是有分寸的。当我因为贪玩而成绩下降时,妈妈会督促我去学习,并取消我的玩耍时间。最开始我对妈妈的这种做法无法接受,虽然心中不满,却又不能表现出来的我只能为了有时间出去玩而好好学习。在我静下心学习的这段时间,成绩确实能够有一定的提升,我也能战胜自己,变得更强。我想,紫岚也是怀着这种目的,想让孩子们能通过自己学习而提升能力,最终获得胜利。

这也让我感觉到了她对孩子们无限的爱。她为了下一代不惜牺牲自己的生命,让我感受到紫岚爱的无私。

同时,紫岚在狼群中也是一位十分伟大的母亲。在这个弱肉强食的社会,只有足够强壮、机智、有勇有谋的狼,才能从狼群中脱颖而出,成为能够统领狼群的狼王。而紫岚为了完成丈夫让孩子们成为狼王的梦想，在一匹又一匹的小狼崽身上付出了万千的心血，用尽各种方法想让他们变得更加强壮，足以有能力成为狼王，保护他们的家族。但即使这样，他们一家通过两代的努力，失去了多条狼崽的性命，对狼王的位置唾手可得，可到头来还是功亏一篑。就算这样，我仍然从她身上看到了狼的不屈不挠、坚韧、勇敢的品质。

向她学习

在大多数人的印象里，狼都是阴险狡诈、冷酷凶残、自私的动物。而《狼王梦》这本书却给我们展现了狼的另外一面。

母狼紫岚是一位伟大的母亲，在故事中，她有让自己孩子成为狼王的梦想。她为了这个梦想不断努力训练他们。也许她想过失败的可能，但还是坚持自己的梦想，不断锻炼狼崽们，让他们更加强大。然而事情总是不尽如人意，每当她离成功还有一步之遥的时候，总有意外让她的梦想破灭，她也只好从头开始。但就算经历了几次这样的起起伏伏，她还是坚持自己最初的梦想——让狼崽们成为狼王，甚至为了这个梦想丧命，也从未有过半途而废、不再继续坚持的想法。

在小时候读这本书的时候，我其实并不是很能理解紫岚对自己狼崽们的爱。如果她真的爱他们，为什么还要对他们进行那么严格的训练，而非让他们快快乐乐度过一生呢？直到后来，我慢慢长大，遇到更多的人和事后，我才理解了紫岚的做法。

其实不管是人还是动物，没有一位家长是不爱自己的孩子的，只不过可能每位家长表现爱的形式不一样，孩子们能接受到的爱也是不一样的。

紫岚就是那种爱孩子却不溺爱的家长，她用自己的方式，想让狼崽们带着她的梦想前往更高更远的地方，可她并没有考虑过狼崽们自己的想法，也许他们自己的愿望并没有那么高远，只是想平淡开心地在狼群里生活，过完一生。

家长毕竟无法完全体会孩子的感受，从孩子的角度去思考他们想要怎么过完一生。就像紫岚一样，他们希望自己的孩子有更高的成就，能走到更远的地方。望子成龙、望女成凤，每个家长都对孩子有所期待。

从小培养

在书中，对于长子紫岚从小就开始培养他的狼王品质。她对他偏爱，让他相较于同龄的狼崽更加勇猛、更加机智。

但也因此，在他死了之后，紫岚对他过于偏爱的弊端也显现了出来。双毛从小不受重视——吃饭永远在最后一个，导致身体不像其他狼崽那样健壮；总是因为得不到紫岚的重视而在与兄长们一起玩的时候被欺负，这导致他心中从童年时期就种下了自卑的种子。这个种子随着他的成长而慢慢发芽。尽管在其他狼崽都死亡后，紫岚用尽办法将他的自卑暂时治好，他却还是在狼王争夺战中失去了性命。

所以不管什么习惯我们都应该从小培养。如果在小时候就养成了不利于我们长大以后的习惯，将来想要完全改掉是需要很长一段时间的。当然，我认为想要从小养成一个很好的习惯，其中，家长的管制是必不可少的。因为孩子们小的时候还没有自制力能够控制自己的行为，并且也无法做到每一个习惯都是好习惯。

就比如我小学的时候，每天放学后，妈妈都会盯着我完成作业，并且对照着作业单进行检查，这让我现在养成了按时交作业的习惯；每天上学前，妈妈也会检查我收拾好的书包，并且保证没有漏拿和错拿的现象，所以即使我现在在寄宿学校，也很少出现让妈妈来送东西的情况。这样既能不麻烦家长，也能提升我的个人能力，为我以后出国学习做好铺垫。

自己的人生，自己选择

尽管家长们没有一个不爱自己的孩子，他们总会给我们一些正确的建议，但对于家长的言论，每个孩子都有自己的看法。有时，我们甚至会把这些建议当作"害"我们的言论。

毕竟每个人都是独立的个体，可能有的时候，家长结合自己的人生经历将自己的意见给予孩子后，反而会让孩子感觉不耐烦。即使在这种时候我们也不应该立刻否决他们的意见，我们应该再进行深入的思考。有的时候可能你会觉得家长给的建议其实并不是完全没有道理，可以向这一方面进行尝试，但也并不排除你仍然想尝试一下自己的想法。我相信在这种时候，家长们都会支持孩子们的选择，如果这条路是一条很难走的路，他们也会尽可能地带你走能让你最省力那一条。而当你走完这条路，回望过去，你会发现，当初家长给你指出的那一条路兴许会比你自己选择的更容易。

如果真的遇到和家长有分歧的情况，并且十分不能理解他们的想法。在这种情况下，你可以和家长进行家庭会议，了解一下他们的想法，与此同时，你也可以告诉他们你对于这件事的想法，说不定在与他们讨论的过程中，能获得一些新的灵感和启发。

在这本书中,紫岚就属于那种比较强势的家长。她从来没有询问过孩子的意愿。虽然让狼崽们成为狼王能够完成她的愿望,也能同时让狼崽们自己享受到至高无上的权力,但对于这种做法,我们并没有办法说这是对还是错。假如这些狼崽们真的有自己选择的机会,他们并不一定会选择站在这个至高无上的位置。因为不仅在成为狼王的过程中需要努力,在成为狼王后,更要背负起整个族群的命运,这意味着身上将会承载许多的责任。

张雨馨读《平凡的世界》

张雨馨 就读于北京市海淀外国语藤飞学校。爱好滑雪、马术、钢琴、舞蹈、游泳、滑冰、保龄球等,最爱读动物小说。

张雨馨读《平凡的世界》

创作背景

《平凡的世界》从 1975 年开始创作，1988 年 5 月 25 日完稿。20 世纪 80 年代中后期的文化背景是各种文学新思涌现，各种新的文学观念风靡一时，传统的现实主义作品反而受到冷落甚至批判，甚至有很多人认为路遥的小说《人生》的写作手法非常落后，没有水平，但他顶住压力，放平心态，不被外界的舆论所打扰，迎难而上，坚持完成了这部精彩的小说。

路遥写这本书，准备花了 3 年，创作又花了 3 年。为了尽可能多地掌握资料，开阔视野，他阅读了大量的书籍，包括将近 100 部长篇小说，10 年以内的各种报纸和其他相关书籍。他的"早晨从中午开始"。为了体验生活，他还亲自深入各个社会阶层中去。《平凡的世界》第一部的初稿是路遥在一所偏僻的煤矿医院中开始创作的。从路遥的随笔《早晨从中午开始》，我们能够看出他对文学执着的追求与甘愿为其付出代价的决心："写作整个地进入狂热状态。身体几乎不存在；生命似乎就是一种纯粹的精神形式，日常生活变为机器人性质"。《平凡的世界》第二部的初稿则是在一个地处黄土高原腹地的偏僻小县被创作出来的。路遥的健康由于没有规律的作息被严重透支——他病倒了。喝下百余服汤药后，路遥身体总算恢复了些，他凭借强大的精神力量，继续写作。《平凡的世界》第三部初稿的创作地变成了榆林宾馆。1988年5月25日，路遥终于完成了《平凡的世界》三部曲。

主要内容

《平凡的世界》作者路遥，本名王卫国，是中国当代作家，代表作还有《人生》等。

《平凡的世界》是一本百万字的长篇小说，总共分为3部，在1986年12月首次出版。这本书体现了中国西北农村的变迁。

在这篇小说中，包含了许多纠纷，故事背景是20世纪

70年代到80年代，小说中的孙少安和孙少平是兄弟关系，作者通过描写各种人物的性格、形象和他们的日常生活，给读者展现了老百姓在社会中生活的艰难和不易。

1975年，孙少平在县城里上高中，那里的饭分为甲、乙、丙三等，只有甲菜有令大家嘴馋的大肉片，而能吃得起甲菜的人寥寥无几，但是吃最差的丙菜——清水煮萝卜的人也很少，大家都会选择"既不奢侈也不寒酸"的乙菜。主食也会分为三等：白面馍、玉米面馍和黑面馍。有一个穿戴可怜、鞋子都没有了鞋带的人，走在泥地里。他因为吃不起好点的饭，总会在最后来取饭，从这里可以看出他那幼小的心有着很强大的自尊，而每次和他一起最后取饭的一个女生，大概也是和他一样的情况。他就叫孙少平，和他家境相同的女生叫郝红梅。

孙少平也希望自己可以像大多数学生一样领到一份乙菜，毕竟他已经17岁了，自尊心迫使自己总是站在最后，躲在角落吃饭。他吃不饱，但是还要参加繁重的劳动，"贫穷"一词一直伴随着他，一次又一次地伤害他，他并不甘心，不卑不亢地继续前行。他还是非常体谅父母和兄弟姐妹的，父母年老体衰，拼命维持家里的生活开销，大哥13岁就承担起了家庭的重任，外出打工挣钱，姐姐和她不务正业的丈夫还带着一个孩子，需要父母帮助养活，整个家庭属于"吃了上顿没下顿"。

长时间这样，使孙少平对所有家庭条件好的同学，包括班长，都有负面的情绪。他看不惯班长文质彬彬低头看表的样子，这引起了他和班长之间的很大矛盾。金波的父亲是运输公司的汽车司机，家庭背景在班级里算是比较高层次的，他和孙少平很合得来，同时他也愿意帮助孙少平。金波有一辆自行车可以每天骑着上下学，但是孙少平只能走路，金波和孙少平一起骑他的自行车，正是这样，金波的自行车才骑一年就报废了，他的父亲只好再买一辆新的。金波还常常送给孙少平自己的白面票，仅仅是这些，孙少平心中就已经无比高兴。

过了一段时间，孙少平迷恋上了小说。他自从看完《钢铁是怎样炼成的》之后就迷上了看书，他经常在课余时间抱着书如饥似渴地读，沉迷于其中。渴望知识的他在读《红岩》这本书时认识了和他家境相似、非常贫困的郝红梅。但是没过多久，孙少平"不关心无产阶级政治，只看反动书"的行为就被他的班主任揭发了，而告诉班主任的就是同学侯玉英。尽管如此，他对来到了县城仍是非常开心、非常乐观的。

田润叶在城里教书，她是孙少安的青梅竹马，她想让孙少平给孙少安捎句话，因此，孙少平就到田润叶的二爸、县革命委员会副主任田福军家里吃饭，同时孙少平见到了田福军的家人们。田润叶还给了孙少平 30 块钱和 50 斤的粮票，这对于孙少平这种家境的人来说无疑是雪中送炭，可以帮孙少平一家改善一些日常生活。孙少平非常珍惜这笔钱，他用这笔钱给家里买了一些日常生活用品后，就和金波一起往家走去。回家的路上遇到了妹妹，才知道姐夫王满银因为卖老鼠药，被送去劳教了。

王满银是孙少平的姐夫，他的长辈曾经非常有名，非常厉害。虽说王满银也挺聪明，但是他游手好闲，不务正业，卖老鼠药。他在接受劳教的这一年，没有工资，还不知道要多花出多少粮食钱。

对这些事，孙少安一无所知，他用浑身的力气捉住牛，跪在地上给牛灌汤药，还避免不了在牛呛着时被喷一脸汤药，至于他为什么对这一头牛如此上心，是因为这头牛在这个村子里力气最大，精力最旺盛，干活效率最高，是全村的"命根子"。孙少安从来不让别人碰这头牛，可上天偏偏如此捉弄人，这头牛在刚开春开始耕地的时候突然生病了，不吃草不吃料，孙少安就好像自己也生病了一样整天没日没夜地照顾这头"命根子"。

夜晚，孙少安独自站在空无一人的路边，没有去处的他碰到了一位老师傅和他的徒弟，老师傅心善，愿意收留他到自己家里睡觉。之后一天，金俊武再次找到孙少安，想要换掉这头"命根子"，还说道："如果这牛不中用了的话，咱们还是换一换，哪怕我用了两天死了，也不后悔。"孙少安回答："就算是一头死牛，我也不换你那三个活宝。"话音刚落，金俊武便告诉了他关于王满银因为贩卖老鼠药被带走接受劳教的事情，孙少安不想在金俊武面前表现出任何慌乱、急躁和不安，他不想让这个人笑话他，而他姐夫王满银的这件事对于他们家来说很严重——"姐夫不仅使一家人蒙受耻辱，而且罐子村他家的生活越烂包，他这里的家庭也就要烂包得更快些"。以现在的情况来说，一家人都指着他来解决这件事。当他走到家门口时，他停下来想了想，还是要以轻松的心态面对家人，可见孙少安的内心是多么的善良，多么的强大。他不想给家里人的情绪带来不好的影响，毕竟他也怕老人心里承受不住。一家人咧嘴笑着迎接孙少安回家，"他就是全家的靠山。""孙少安的妈妈尽力擦干眼角的泪水，姐姐实在忍不住继续哭起来，奶奶坐在后炕头上张着没牙的嘴只顾笑着"，孙少安不仅安抚了全家人的情绪，还拿出小蛋糕递给奶奶，但是他对于家里发生的事情一点主意都没有。

这时，他看到他弟弟孙少平提着一袋子白面回来了，是润叶姐给的，孙少安陷入了儿时的回忆中——小时候，他的爸爸跟他说："少安啊，你也长大了，跟爸爸砍柴火去吧。"当时的少安非常不懂事，他闹着要和润叶姐姐一起玩，不去砍柴火，最终在父亲的劝说下，跟着父亲和村里的男孩子一起上山砍柴火。砍完柴火累得浑身没劲的少安，因为家境贫寒，顶多能吃上稠一点的稀汤，润叶就会给他吃自己偷来的玉米面馍。当时的孙少安为了上学，哭闹了好几次，甚至考了学校第一来证明自己的学习成果。润叶也经常给他带一些吃的，那段时间润叶对他的帮助非常大。直到后来孙少安懂事了，心疼家长了，他跟父亲说他总算是有点文化了，要继续帮家里干活。孙少安作为农村出生的孩子，有一颗想要出人头地的、积极向上的心，虽说现实生活一次又一次地打击甚至击垮他，但他从未放弃过，他不停追求着自己的梦想。"一九四六年，他和润叶双双考上了石圪节高小，他跟润叶是同桌，善良的他还经常帮助润叶解答学习方面的疑问。"可惜这里没有中学，想上中学要去县里，他考虑多种原因后放弃了这个念想，从此少安和润叶就分开了。小小年纪的他已经懂得太多太多，他有对学习的渴望，也懂得家庭生活的不易，他一个人担起了家里生活的重任。

虽说孙少平非常讨厌姐夫王满银，但他还是给被带走劳教的王满银送吃的和被子，后来去金波家的路上遇到了二妈贺凤英，贺凤英曾经经常到他们家满嘴脏话斥骂孙少平的母亲，还曾把他们家从老窑里赶出来，老窑可是他们家祖传的啊。但是贺凤英毕竟是长辈，年少的孙少安必须尊敬她。孙少安长大后实在无法忍住心中的怒火，把贺凤英揍了一顿，她才总算是消停一点了。

双水村的金俊山不想让田二老汉去接受批判，因为田二老汉的精神不太好，在孙玉亭和金俊山的对决中，金俊山说不过孙玉亭，最终决定田二老汉来接受批判。

贺凤英是双水村的妇女主任，她在忙乎着要开一个会，双水村但凡是没事干的人都来忙着布置会场，大家都想为整个会议出一分自己的力量。文中说道："明摆着，这会在哪个村搞，哪个村就沾光——其他村出人出粮给这个村子白修地！"外面如此热闹，孙少安却一无所知，他还忙着给自己家的"命根子"没日没夜地治病。

过了几天，润叶请孙少安吃饭，孙少安跟润叶说了王满银被抓去劳教的事，润叶说要找田福军（润叶的二爸）帮忙，田福军给公社的白明川写了封信，表达了对双水村搞批判大会的不满。终于，王满银被放出来了。

孙少平在县城高中里，每天啃着黑面馒头，连丙菜都吃不到，年少的他对自己上高中已经没有了任何信心，但是和郝红梅一起吃饭成为让他坚持下来的动力，他们还互相借书看。但侯玉英却借着孙少平与郝红梅亲近这件事，羞辱孙少平，同学们也跟着起哄凑热闹，后来，孙少平和郝红梅便没有过多的交集了。

孙少平和田晓霞去参加革命故事调讲，孙少安给孙少平准备了好多粮票，最后孙少平和田晓霞获得了二等奖，还认识了著名诗人贾冰。在这段时间里，润叶陷入了悲伤中，他喜欢孙少安，可是貌似孙少安没有任何回应，润叶认为孙少安都没有时间见自己。而另一边，孙少安也不轻松，他不知道自己能做什么，他甚至非常清楚自己不可能和润叶在一起，润叶是一位清纯的女教师，而自己则是一个在村里下地干活、养猪的人，他的内心告诉自己不能和润叶结婚，不能因为自己而拖累、害了润叶。当然，村里和家里的事情乱得根本没有给他考虑这些事情的时间，他也深知润叶的父亲是绝对不会同意的。

国家要猪肉，可是每家每户自己都吃不饱，一头猪吃得比人还多，这不就是养猪饿死人吗？可是没有办法，不给猪肉就要扣除人的粮食，孙少安便把外面的荒地种上了猪饲料，尽量不占用耕地面积，从这儿能看出孙少安顶着各种压力的同时还为村民着想。后来，23岁的他实在支撑不住，趴在高粱地上独自哭了起来，这个年纪，没吃过一顿饱饭，每天被各种琐事杂事缠绕着，没有一天能够过得轻松快乐、无忧无虑，这样忙来忙去，配不上青梅竹马的润叶，到头来还是一个村里的粗人，多会儿能是个头啊！

玉亭他们想帮孙少安找一个媳妇，贺凤英的远门侄女的爸爸说："只要女婿人好，不要彩礼也是可以的。"这一句话让孙少安感到有了机会，但是他也放不下润叶，马上要赶往山西的他，哭着给润叶留了一封信："原谅我吧，润叶！我将要远足他乡，去寻找一个陌生的姑娘，别了，我亲爱的人……"过了一个月，孙少安带着一个山西姑娘回到了双水村，这个姑娘非常懂事，第二天就帮着孙少安干起了活儿，田福堂也非常高兴，说在举行婚礼的那一天，需要多少粮食他就提供给多少粮食，一定把婚礼办得风风光光！

感受与总结

《平凡的世界》里描绘了平凡的人、平凡的感情、平凡的家庭、平凡的生活。所有人的喜怒哀乐都聚集在一起——

欣喜满足、失望透顶、乐观的心态和一次次被压垮的身体，他们都在坚持着，努力着，努力过上自己最好的生活，并与命运作斗争，为自己开辟一条新的道路。他们那种迎难而上、自强不息、敢于拼搏的毅力和善良的心正是我们现在所需的！

刘航辰读《秘密花园》

刘航辰 出生于北京,就读于北京市海淀外国语藤飞学校。爱好马术、桨板、单簧管、写作等。自幼酷爱读书,同时很喜欢小动物,也是中国马术协会注册的中二级骑手。

刘航辰读《秘密花园》

引 子

我以一个十四五岁孩子的角度去探索《秘密花园》这本书,就像发现了自己的知音一样。书中那沼泽里偏僻、古老又神秘的庄园,以及那尘封了10年的秘密,无不吸引着我。我常常会将自己代入到小女孩玛丽·伦诺克斯这个角色中,置身这个世界,去探索世间的美好。书中一切都像我小时候所幻想的一样:能和动物沟通的古灵精怪的小男孩迪肯;逐渐变得开朗好动的玛丽;会"魔法",从不能走路到迈开腿奔跑的忧郁悲观的少爷柯林;本来已经近乎荒废,却又变得生机盎然的美丽花园;逐渐从对爱妻的执念与儿子的偏见中走出来的克莱文先生;还有那些善良朴实而且能治愈他人的角色。

人物形象分析

孤僻的少女玛丽

前期

"当玛丽·伦诺克斯被送到米塞尔斯维特庄园跟她姑父一起生活的时候,人人都说从没见过长得这么不讨人喜欢的孩子。"书的开篇这样写道。

玛丽瘦弱的身体上有一张瘦瘦的小脸,一脸苦相。她有一头稀疏的黄色头发,脸色也是黄的。她生在印度,大家应该都对印度的环境有所耳闻,玛丽在那里一年到头不是生这个病就是生那个病。她爸爸在英国的政府部门供职,整天忙得快忘了自己叫什么,所以也总是生病。不过,她的妈妈很好看,是个大美人,但是每天只专注于参加各种聚会,寻欢作乐,花天酒地,无暇顾及自己的女儿。于是可怜的玛丽从生下来就由保姆照顾,这使得她变成了一个爱生病、爱哭闹、乱发脾气、相貌丑陋的女孩,她不习惯说"请"和"谢谢",一生气就扇保姆耳光。

梅德洛克太太评价她:"我这辈子没见过看上去比她更

marred^① 的小孩。"

转变

不过命运的转机出现在玛丽9岁那年。突然来临的瘟疫摧毁了本就不相爱的一家,玛丽成了孤儿,只能前往并寄宿在英国的姑父克雷文的大庄园中。玛丽开始学习如何自己穿衣服、扣扣子、穿鞋等,而不是站着一动不动等候别人为她做事。

每天吃过早饭后,玛丽还会在小径和林荫道中行走,后来又变成了奔跑。沼泽上的风使她越来越强壮。玛莎的妈妈说的是对的,沼泽上的风确实能使人强壮得像野马一样。玛丽的身体逐渐健康起来,发黄而不健康的脸上有了血色,呆滞的目光逐渐有了光亮。早餐时,她不会再浪费那粥,而是把粥吃得干干净净。

下雨天总是预示着什么,无聊的玛丽无事可做,玛莎推荐玛丽去读些书:"要是梅德洛克太太能让你进藏书室就好了,那里有几千本书呢。"玛丽对藏书室本身并不在乎,但她想看看那一百多间房门是不是真的都锁了,那些屋子里面到底都有些什么?她开始寻找,走廊里有很多画。爬上二楼后,她终于找到了一间能打开的门。壁炉架上的小姑娘肖像

---

① marred是约克话,意思是被宠坏的和任性的。

映入眼帘。还有一间房间中全是象牙雕刻而成的小象。慢慢地她就迷路了，兜来兜去。寂静被一声哭声打破了……在经历这一切过后，玛丽干瘦的身体变得强壮，蜡黄的脸变得红扑扑的，迪肯妈妈见到她不禁赞叹："你已经长得跟我们家伊丽莎白·艾伦一样健康精神了。我保证你也会像你妈妈一样的。玛莎告诉我，梅德洛克太太听说你妈妈可是个大美人。你长大后会像红玫瑰一样娇艳的，我的小姑娘，上帝保佑你。"

开朗的农家小伙迪肯

"我们家的迪肯十二岁，他抓到一匹矮种马，称它是他自己的马。"这是玛丽第一次听说这样一个神奇的小男孩。"迪肯是个善良的孩子，动物喜欢他。"他的姐姐玛莎说。

当玛丽说话不再生硬、专横，而变得温柔时，本说："你刚才说话真像个地地道道的姑娘，而不是个凶巴巴的老太婆。你说话的样子简直像沼泽地上的迪肯跟他的动物们说话一样。"这是玛丽第二次听说迪肯，这个人人夸赞的小男孩使得她的好奇心越发强烈。

当玛丽见到他时，第一印象是他是一个十分强壮、朝气蓬勃、对待别人也十分友善的阳光男孩。他跟姐姐玛莎一样脸庞红红的，沼泽的风使他们都茁壮、健康地成长。他不仅非常擅长与世间万物相处，同时还有吹笛子的拿手好戏。当他的笛声悠悠传出时，所有的小动物都会为之吸引。"他的笛声里透露着春天的讯息，隐藏着神奇的魔力；他的身上散发着泥土的芬芳与花的香气。他几乎就是一个大自然的精灵，就是动物们的守护神。"书中说道。

在玛丽将秘密花园的事告诉迪肯后，迪肯用他的知识使那沉睡了10年的花园苏醒：枯死的树木重新焕发生机，裸露的地面再次长出苔藓，秘密花园恢复了以前的模样。

消极的少爷柯林

玛丽在一个大风呼啸的晚上突然听到一种奇怪的声音。这声音是从屋子里面传出来的，不是在屋子外面。可当玛丽转身询问玛莎时，玛莎逃避而慌张地解释只是风声。这古老而神秘的庄园别墅中的谜团越来越多，玛丽小姐的好奇心被渐渐地勾起来……

后来在又一次听到哭声时，玛丽推门进入一个房间。房间中居然坐着一个和玛丽年龄相仿却皮肤惨白且瘦弱的男孩。他从来不被允许离开房间——其实一部分来说是他自己不愿意。他是庄园主的儿子柯林，也就是少爷，但是他父亲和他并没有什么感情。这使得他从小性格孤僻，并且很自卑执拗，他觉得自己以后肯定和他的父亲一样会是一个驼背的奇怪男人。这导致他每次摸到自己背上隆起的包时就会大喊大叫，而其实那只是因为过于瘦弱而凸出来的骨头。

玛丽决定带着他去秘密花园一起玩耍。她推着他的轮椅在花园中飞奔；他们与小动物们相处。在"魔法"的加持下，柯林逐渐找回了自信；索比夫人的小面包和牛奶使得他变得强壮；风让他的身体变得更加健康；友谊使得他的精神得到治愈；一切改变了他。柯林完成了属于自己的蜕变。"我好啦，我好啦！""我要永远活下去，永远永远！"生的希望点燃了他的生命。

心怀沉痛往事的庄园主克莱文先生

克莱文先生本来有着幸福的生活。但在儿子柯林刚出生时他的妻子就去世了，这使得克莱文先生心灰意冷。而他每每看到儿子那双和爱妻几乎一模一样的眼睛时，就会本能地逃避，所以他开始在外面漂泊。

仿佛是一股神秘的力量促使他回到了他一直逃避的庄园。他梦到了他的爱人在花园中呼唤着他，在接到索比夫人请求他回到庄园的信之后，他决定回到庄园。当他梦游似的冲到花园门口时，眼前却是一个高高帅帅的男孩。男孩散发着活力，朝他跑来时神采奕奕。令克莱文先生更震惊的是花园中的景象：

现在正是它们绽放迟暮光彩的时节。晚玫瑰攀爬、垂吊、拥抱，阳光染浓了黄叶的秋色，让人感觉仿佛置身于树木环绕的金色庙堂之中。

耐心的女仆玛莎

玛莎是一个很乐观、热爱生活的人，有圆圆的脸蛋、红红的脸庞和温和的相貌。她很喜欢沼泽地："我可喜欢它啦。它并不荒芜。它上面长着东西，闻起来好香好香。到了春天和夏天，当荆豆花、金雀花和石楠花开放的时候，那里可漂亮啦。那里有蜂蜜的香味，空气十分新鲜——天空看上去那么高，蜜蜂嗡嗡，云雀歌唱，好听极了。嗨！不管拿什么来跟我换，我都不愿从沼泽上搬走。"或许只有真正内心纯洁的人才能真正明白大自然的美，爱它那么深。也正是这一份热爱带给了玛丽第一次成长。

她很健谈，讲起话来心平气和、熟不拘礼。"我们兄弟姐妹有十二个，我爸爸每周只有十六先令的收入。我可以告诉你，我妈妈要费多大的力才能让弟妹们吃上粥。"家中的贫苦使玛莎格外珍惜粮食，即使很普通的粥对玛莎而言也是美味佳肴，"你不知道粥是多好的东西。要是里面放点糖浆或蔗糖的话。"

暴躁但有些可爱的花匠本

玛丽第一次遇到本时，本有一张乖戾的脸，脸上流露着那副"犟牛"的表情。可当玛丽说起那个花园时，那张被岁月磨蚀的脸突然地荡漾开了微笑，就像是换了个人。玛丽心想，一个人笑的时候竟然会变得这么可爱，真是件怪事。以前她从没想到过。这大概带给了玛丽第二次转变，笑与不笑对一个人的影响居然那么大——笑之前还很惹人讨厌，而笑容在脸上却格外可爱。

本和知更鸟是很好的朋友，他们都是穿梭在花园中的精灵。他们在知更鸟羽翼未丰时就相识了，本一声口哨就能让知更鸟到来。而对本来说，知更鸟原是他唯一的朋友。而现在他的第二个朋友，则是我们的主人公玛丽。无形之中所有人都在做出改变。

他又是多么的真诚，一个暴躁的人却是那么执着。在秘密花园密闭的那 10 年中，本会偶尔翻墙进来修理花草。"她是那么喜欢这个花园,那么喜欢!"本声音迟缓地说。"她是那么漂亮。有一次,她跟我说,如果有一天我病了或走了,你一定要帮我照看我的这些玫瑰。啊,当她真的走了,克雷文先生却下令任何人不许进入。但是我会来,"他倔倔地说,"我是翻墙进来的,直到得了风湿,以前每年我都进来修剪修剪花木,锄锄草。是她先嘱咐我的。"

友好伶俐的知更鸟

玛丽第一次走在果园时,看见树梢从墙头伸出来。一只胸脯鲜红的鸟儿栖息在最高的一根树枝上,发出啾鸣,正在招呼她。它似乎拥有魔法,又似乎能听懂人讲话。它有一双温和明亮的眼睛,水灵灵的像黑色的露珠。它美丽、愉快,有丰满的身体,优美的喙,细长而漂亮的腿。

但即使是这么有灵性的知更鸟也有一个不美好的过往,它是一个孤儿。这也是为什么玛丽见到它时有一种同病相怜的感觉。

风暴肆虐后的平静的一天,玛丽重新见到了它。玛丽对它诉说了对秘密花园的向往,而知更鸟仿佛听懂了,便停在一个土坑旁边。坑里闪耀着金属的光泽。玛丽将那个泛着金属光泽的东西轻轻拾起,是一个有些生锈的钥匙,直觉告诉她这个钥匙可能就是通往秘密花园的钥匙。微风浮动，藤蔓摇曳。玛丽忽然看到了一个门把手，铜质的，圆圆的，看起来尘封很久了。玛丽激动又紧张地把钥匙插了进去，咔嚓一声，打开了这道 10 年没被打开的门。

知足常乐的索比夫人

"我喜欢你妈妈。"玛丽对玛莎说。这时的玛丽还并没有很多喜欢的人，玛莎的妈妈索比夫人算一个。"是的，她善解人意、勤劳善良、又爱干净，知道她的人都忍不住喜欢她，无论见没见过面。每一次我休假回家穿过荒原时只要一想快要见到妈妈了，就能高兴得跳起来。"玛莎回答说。和索比夫人相处起来很舒服，玛莎和她妈妈的关系就像很好的朋友一样，互相尊重、互相理解，又会互相为对方着想、互相帮助。

索比夫人虽然贫穷，但是却想把最好的留给他人。玛丽收到的第一个礼物就是索比夫人送给她的，即使只是一个两便士的跳绳，但这个跳绳却带给玛丽很大的乐趣。

自以为是的女管家梅德洛克太太

梅德洛克太太是玛丽最讨厌的人之一，她有一张健康的、红通通的脸。她总喜欢戴普通却又很漂亮的帽子。

她几乎不明所以地见证了所有人的变化，在她大惊失色尖叫出声使得所有仆人都闻声赶来时，庄园的小主人昂首阔步，饱含笑意地以稳健有力的步伐向着人们走来。

《秘密花园》带有极强的神秘色彩，包含了20世纪西方文学从传统转向现代的重要主题，它通过描写少年少女的内心世界，展示其从性格孤僻变得开朗、变得健康的经历，从而提倡我们应该内心充满希望，回到自然，去感受大自然的鬼斧神工和它神奇的造化。同时也表达了作者对封建社会、对以男性为中心的大男子主义的批判，对女性主义的向往，对人与人、人与自然和谐关系的期待。

在人生的道路上，在面对挫折时，我们要敞开心扉，微笑着去面对任何不美好的事，对未来充满信心、充满希望。

好句摘抄

自私的人总是说别人自私。任何不做他想做的事情的人就是自私鬼。

只有去接受那些具有治愈作用的大自然的馈

赠，让新鲜的空气和温暖的阳光不断注入他们的内心中，接纳它，才会有强壮的体魄和开朗的心情，以及美好的未来！

当你发现了那个橙子不再只属于他一个人时，他就改变了。

这里的天空蓝得使人感到阴凉，几乎像是深不见底、人见人爱的湖里的湖水那样闪亮，白羊毛似的小块云在天穹的一片蓝色里随处飘浮。广袤的沼泽地本身不再是令人压抑的紫黑色或可怕的灰色，取而代之的是柔和的蓝色。

一阵风平地而起，发出奇特、狂野、低沉、摧枯拉朽般的响声。

当新的思想开始把旧的丑陋的思想挤出去之后，他就开始恢复了生气，他的血液健康地在血管里流淌，力气像潮水一样涌入他的身体。

生命的蓬勃与向上，需要阳光、空气和内心的坚持。

玫瑰之地，蓟草不生。

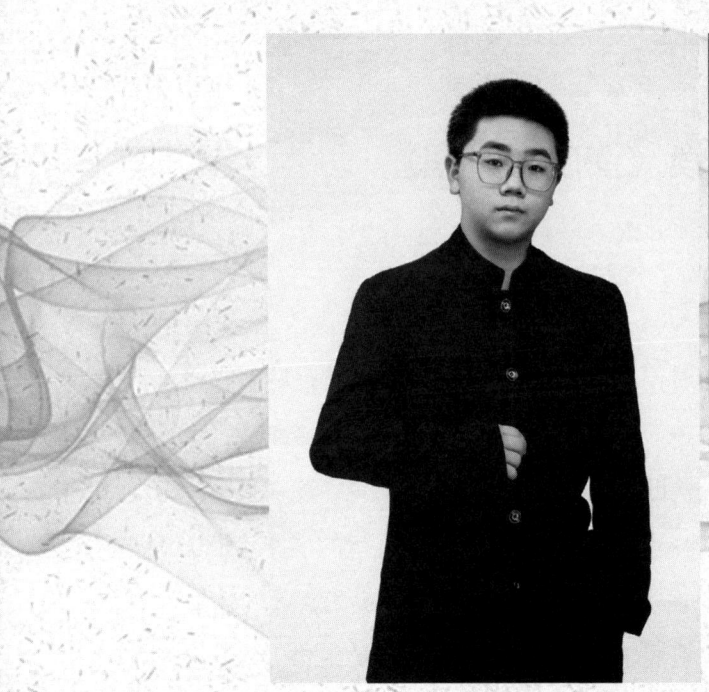

张致格读《海底两万里》

张致格 首师大二附中初三学生,名字来源于"致知在格物"。喜欢读书、打篮球、架子鼓。

张致格读《海底两万里》

小学的时候,我就读了《海底两万里》,后来又通过听书温习了一遍。这本书让我对多彩的海底世界产生了幻想,梦想有一天自己也能在海底遨游。有人说,现在很多科幻剧依据《海底两万里》而写,很多现在发生的事件就是《海底两万里》的现实版。确实如此,在 19 世纪,人们还缺乏对海洋真正探索的年代,作者能凭着自己的幻想,创作出这样一个绚丽多彩的海底世界,真是太了不起了。

下面,我将以一个初中生对《海底两万里》的认知,从几个方面谈一下这部作品。

作者简介

《海底两万里》是 19 世纪法国作家儒勒·凡尔纳

（1828—1905 年）创作的一部科幻小说。

19 世纪，人类社会进入以科学发明和技术革命为主导的时代，这也是科幻题材作品诞生的一个社会前提。人们开始关注人类未来的命运，开始探索未来的科学技术改变自然。这种探索在工业革命之前，是很难发生的。凡尔纳的作品正是人们借助科技征服自然的象征，也反映了人们改造世界的意志和能力。

凡尔纳自幼热爱海洋，向往远航和探险生活。凡尔纳被公认为"科学时代的预言家"和"现代科幻小说之父"，但科学幻想小说并非从凡尔纳开始的，不过，他的科幻规模和语言表达方式远远超过了前人。我国近现代的一些科幻作品也曾受其启发和影响。

凡尔纳一生非常多产，据联合国教科文组织的资料显示，凡尔纳的作品译本累计达 4750 多种。《海底两万里》是他"科幻海洋"三部曲的第二部，也是最出名、最成功的科幻小说之一，第一部是《格兰特艇长的女儿》，第三部是《神秘岛》。

凡尔纳创作科幻小说，不是凭空想象的，他的想象都有科学基础，符合科学发展的规律，很多想象在 20 世纪都成为了现实，这充分体现了他对科学的严谨态度。

作品简介

《海底两万里》是凡尔纳的巅峰之作。在这部作品中,他把对海洋的幻想发挥得淋漓尽致,对文字的把握也达到了巅峰,而且很多事情最后被验证是对的。

故事发生在 1866 年。据报道,海上出现了一头神秘的"怪物",世界各地的船只频繁遭遇袭击。各国都希望将它除掉,但对于这头神秘的"怪物"是什么,大家各执一词。法国海军派遣了一支追踪队,人员包括驱逐舰舰长法拉格特、故事讲述者"我"——阿龙纳斯博士、仆人孔塞伊和捕鲸人尼德·兰德等。

在追逐过程中,他们的舰艇遭到"怪物"的袭击,海舵失去了控制。幸运的是,他们都有惊无险,落到了"怪物"的脊背上。原来这只"怪物"并非什么独角鲸,而是一艘构造奇妙的潜水艇。这就是本书的载体,带领大家领略海底世界的"鹦鹉螺"号潜水艇。这艘潜水艇由神秘的尼摩艇长指挥,建造于大洋中的一座荒岛上,船身坚固,利用海水发电。里面的人依靠海洋中的各种动植物来生活,真可谓是"靠山吃山,靠水吃水"。

尼摩艇长担心自己的秘密被泄露,于是不允许阿龙纳斯等三人离开，于是他们一起开始了一次海底旅行。他们从太平洋出发，经过珊瑚岛、印度洋、红海、地中海、大西洋、南极海域、大西洋、北冰洋，最后遇到了迈尔海峡的大漩流，阿龙纳斯博士、仆人孔塞伊和捕鲸人尼德·兰德一起被甩在了挪威北部罗佛敦群岛的一个小岛上，到此故事结束。大海中罕见的动植物和奇异景象震惊了阿龙纳斯博士。他们在途中还经历了许多险情：潜水艇搁浅、被土著围攻、同鲨鱼搏斗、被冰山封路、遭到章鱼袭击等。他们一路游历，海底世界有时美景耀眼、令人陶醉；有时险象丛生、惊险刺激。

人物形象

《海底两万里》中，作者创作的有名有姓的人物有5个，包括："我"——阿龙纳斯博士、"我"的仆人孔塞伊、捕鲸人尼德·兰德、尼摩艇长，还有一个只在前面露脸的"亚伯拉罕·林肯"号驱逐舰舰长法拉格特。法拉格特只在小说开头出现了，所以我在这里重点介绍其他4位人物。不过，我也会对法拉格特进行简述，因为他是驱逐舰舰长，追踪团队的组织者，如果他没有过人的能力，也不可能当"亚伯拉罕·林肯"号驱逐舰舰长。

皮埃尔·阿龙纳斯博士

皮埃尔·阿龙纳斯是《海底两万里》的第一人称叙述人"我"的名字。阿龙纳斯是一名法国籍生物学家,博古通今。他还是巴黎自然史博物馆的客座教授,受法国政府委派刚刚完成对美国内布拉斯加州贫瘠土地的科学考察。他知识渊博,有很强的科学探究精神。他积极参与政府的探险活动,有正义感,希望造福人类。他遇事沉着冷静、积极乐观,善解人意，能与人很好相处。在跟随尼摩艇长在"鹦鹉螺"号探险的旅途中，他时刻都在用科学家的眼光观察事物，正是跟着他的叙述，我们才能领略到海底的奇妙世界。他心地善良，希望人间充满友善。尽管尼摩艇长将他们囚禁，但他在获救后，仍希望尼摩艇长能放下仇恨，希望他平安。其实这里也寄托了作者的美好愿望。

仆人孔塞伊

孔塞伊是阿龙纳斯最忠诚的仆人，聪明能干、诚实坚强。书中形容他"性格沉稳，做事规规矩矩，为人热情；生活中遇到突发意外，从不大惊小怪"。他的名字"孔塞伊"在法语中的意思为"建议"。

孔塞伊既是阿龙纳斯的仆人，也是他的助手。他精通分类理论，总是认认真真地帮助主人把采样

分类，比如：界、门、纲、目、科、属、种，他分得清清楚楚，做得也井井有条。

孔塞伊是一个忠实的仆人，愿意跟着主人赴汤蹈火；主人到哪里，他就跟着到哪里，从不抱怨旅途的辛苦。书中写道："不管有多远，不管去什么地方，去中国或是去刚果，他总是提起他的行李箱立即出发。"当阿龙纳斯不小心被扔进海里，感到绝望的时候，孔塞伊也心甘情愿地跳了进去，他让阿龙纳斯趴在他的肩头，这样游起来就会轻快得多。他们一起游。他们采用"你躺我推"的游泳技法，倒换着往前游。正是"不抛弃不放弃"的信念支撑着两人。因为有孔塞伊，"我就算想把心中的幻想扑灭，就算自己想要'绝望'，也办不到的了！"直到他们被救起。在"鹦鹉螺"号撞上冰山时，孔塞伊鼓励说："先生不会失望的，我们能通过。"

捕鲸人尼德·兰德

尼德·兰德是加拿大国籍，他头脑冷静、机智灵活、有勇有谋。尼德·兰德约 40 岁，身材魁梧，是个充满野性的鱼叉高手，被人们称为"捕鲸大王"。除非遇到极其狡猾的大头鲸或者特别诡诈的抹香鲸，一般的鲸鱼在他那里，都不可能逃脱他的带索鱼叉。他"体格健壮""目光敏锐、膂力

过人,一个人就能抵得上全体船员"。这也是法拉格特舰长把他安排在船上的原因。

他虽然只是一个捕鲸人,但是有着严谨的科学态度,他根据经验一直都不相信那个"怪物"是鲸鱼之类的动物,他的判断是正确的。因为长期与大自然打交道,所以他非常精通野外如何生活,他曾经在一个孤岛上,利用大自然的食材为每个人做了一顿大餐。他热爱生活,喜欢吃牛排,也会赞叹极地的美丽,但对他来说,自由更重要。他外表看起来不太好打交道，但是仍然能心平气和与阿龙纳斯谈论海怪的有无。他脾气比较暴躁，受不了"鹦鹉螺号"上与世隔绝的生活，总是在计划逃跑。

尼德·兰德大部分时候都神情严肃，让人觉得不易交往。如果话不投机，他会立即变脸。他的相貌特殊，很引人注目，尤其是他那炯炯有神的目光，仿佛具有穿透力。但在许多关键时刻，尼德·兰德总能帮助教授和其他人。比如，在阿龙纳斯和仆人被抛进海里，游得有气无力的最后关头，还是尼德·兰德把他们救上了岸。

尼摩艇长

尼摩艇长是一个天才发明家、一个知识渊博的科学家、一个有正义感的人。他博文广见、无所不知。他制造了"鹦鹉螺"号，在上面过着自给自足的生活，食物和生活用品全部来自大海。他选择与外界隔离，因为他对民族压迫和殖民主义非常痛恨，他向往民主自由。他是一个富有正义感的人，他在海底打捞过巨额财富，但是他没有据为己有，而是去援助那些被压迫的民族和穷苦的民众。据说，凡尔纳当时创作这部作品的背景就是波兰人民反抗沙皇残酷的统治。

尼摩艇长遇事头脑冷静，沉着机智。他给人的第一印

象是一个孤独的隐士,实则他是一个内心炽热、富有情感的人。他看似与世隔绝,其实他一直关注着世界政治局势的变化。他之所以选择来到海底生活,是因为他对人类社会的不满和对战争的恐惧。他渴望的不是金钱和财富,这从他资助被压迫的民族和穷人巨额财富、支持他们争取独立的正义斗争中,能得到证明。他对自由和幸福生活充满了美好的向往,无奈世界并不太平,他绝不会放过占领自己祖国的他国侵略者军舰。正如书中所述"不是一种普通的愤世情绪,而是一种非常崇高的仇恨"。

尼摩艇长还是一位收藏家和狂热的阅读者。他在"鹦鹉螺"号建造了一间图书室。他很爱钻研，那些地图手稿都是他亲自观察后，根据真实情况绘制而成的。

法拉格特舰长

法拉格特舰长在文中的资料不多，我们仅能从一些片段中获得一些信息。他是一位优秀的舰长，是一位气宇轩昂的军官。他的资格非常老，他已经与他的舰船融为一体，成为舰船的灵魂。他信念坚定，坚信一定能消灭那只"海洋怪兽"，所以他急不可待地让舰艇出发。他能识人，从他挑选的人员中有生物学家，有捕鲸人，就能看出他的组织能力。

读后感想

读完《海底两万里》，我仿佛自己也跟着"鹦鹉螺"号做了一次海底环行。

《海底两万里》人物形象饱满，每一个人物的特征除了通过"我"的观察，还有就是人物自己呈现出来的。

这本书带着我领略了海底世界的丰富多彩，使我知道了很多地理和海洋知识。在整个故事中,海怪、珍珠、海底植物、鱼类等交织在一起,构建了一个奇幻美丽的海底世界,呈现了一个神秘与辽阔的海洋世界。通过阅读,我明白了大自然的力量是无比巨大的。比如,最后"鹦鹉螺"号陷入的迈尔海峡的大漩流,这正是大自然的力量。

作者的笔法非常老到,他们几次遇难,都让人跟着揪心。尼摩船长是整个故事的核心人物,他既神秘又难以捉摸,直到最后我们都不知道他是谁,更为他的命运感到担心。他的人性复杂,也让我深有体会。他既善良,又要反抗压迫;他善良中带有几分"冷血",他能舍身救助采珠人,却不顾及别人的感受,强行限制别人的自由;为了复仇,又不惜残酷地报复人类社会。他的所做作为有他的理由,最可能是他的妻儿遭遇了不幸,这从他凝视墙上的一幅女人的照片中能隐约读出来。

在阅读这本书的过程中,我深感人类对未知世界既渴望又恐惧,这引发了我对未来与人性的思考。

《海底两万里》是一部纯虚构的科幻小说,但它讲述的故事和人物,又是那么的真实。它不仅带给我视觉上的享受,还让我体会到了人生旅途的不易,以及人是个复杂的群体。作者想象的海底潜艇,如今人类早已造出,并得到验证,却被用于战争,不知道是不是人类的不幸?我国古代也有"嫦娥奔月"的故事,何尝不是人类登月、太空飞行的预言。

在书的最后,"我"带着疑问躺在罗佛敦群岛的一个渔民小屋里,"我"很想弄清楚:我们是怎么获救的?"鹦鹉螺"号后来到底怎么样了?它是否挣脱了迈尔海峡的大漩流?尼摩艇长是否还活着?是否在那次大屠杀之后洗手不干了?更渴望有朝一日能够得知他的真实姓名,和他到底是哪国人。这也从侧面表达了作者对美好生活的祝愿。

这部作品完成于一个多世纪之前,犹如一颗瑰丽的宝石,至今仍熠熠生辉。它的确是本值得一读的好书。

名言名句

在这浩瀚的大海中,人并不是孤立的,因为她能感觉到自己周围涌动着生命。

大海只是一种超自然的神奇的生命载体;它只是在动,在爱。

但愿所有仇恨都能在这颗充满敌意的心中消逝。

生命是美丽而短暂的。有的孤独,有的多姿多彩,不同的人有不同的追求。

只有探索才能知道答案。

◎ 后记

对于十四五岁的孩子，在学习之余把自己阅读过的名著的感想写出来，是令人敬佩的。

这是我们编辑部第一次为十几岁的孩子出版图书，我们是幸运的。在这本书之前，我们已经出版了一些名著导读之类的图书，希望帮助孩子们节省时间，让他们快速阅读，读了能懂，读了能用。当我们拿到这部小书的书稿后，我们震惊了，原来孩子们才是这些名著的真正导读者，他们分析得那么透彻，那么精彩。他们不仅能解读原著，还能给出自己的判断，这些不是阅读名著导读所能完成的。

《我们读经典》这部小书是十个孩子共同完成的，他们每个人心中都有自己的梦想，有自己的感受，他们通过写出自己对名著的感触表达了他们的心声，尽管有些稚嫩，却是真挚的。

后记

我们希望更多的孩子能加入"我们读经典"这一队伍中来,不仅自己读,也带领同龄人阅读,更带领学弟学妹们一起阅读。

人文社科编辑部

2023 年 12 月 30 日